GRAND LIVRE
DU BRICOLAGE
POUR ENFANTS

GRAND LIVRE
DU BRICOLAGE
POUR ENFANTS

Plus de 100 projets amusants pour jeunes de deux à dix ans

 **Broquet**

97-B, montée des Bouleaux
Saint-Constant Qc Canada J5A 1A9
Tél.: 450-638-3338 / Téléc.: 450-638-4338
Internet: www.broquet.qc.ca / Courriel: info@broquet.qc.ca

Catalogage avant publication de Bibliothèque
et Archives nationales du Québec et de
Bibliothèque et Archives Canada

Dickinson, Gill

Grand livre du bricolage pour enfants

Traduction de : Creative crafts for kids.
Comprend un index.
Pour enfants de 2 à 10 ans.

ISBN : 978-2-89000-885-4

1. Artisanat - Ouvrages pour la jeunesse.
I. Owen, Cheryl. II. Titre.

TT160.D5214 2007   j745.5   C2007-940907-5

Pour l'aide à la réalisation de son programme éditorial,
l'éditeur remercie : le gouvernement du Canada par
l'entremise du Programme d'aide au développement de
l'industrie de l'édition (PADIÉ) ; la Société de développement des entreprises culturelles (SODEC) ; l'Association
pour l'exportation du livre canadien (AELC) ; le gouvernement du Québec – Programme de crédit d'impôt pour
l'édition de livres – Gestion SODEC.

Pour l'édition en langue anglaise :
Titre original : Creative crafts for kids
Première publication en Grande Bretagne en 2006 par
Hamlyn, une division de Octopus Publishing Group Ltd
2–4 Heron Quays, Londres E14 4JP

Copyright © Octopus Publishing Group Ltd 2006

Gill Dickinson et Cheryl Owen déclarent être les auteurs
de ce livre.

Pour l'édition en langue française :
Traduction française : Marielle Gaudreault
Réviseurs : Marcel Broquet, Jacques St-Amant
Direction artistique : Brigit Levesque
Infographie : Josée Fortin

Copyright © Ottawa 2007
Broquet inc.
Dépôt légal – Bibliothèque nationale du Québec
3ᵉ trimestre 2007

ISBN : 978-2-89000-885-4

Imprimé en Chine

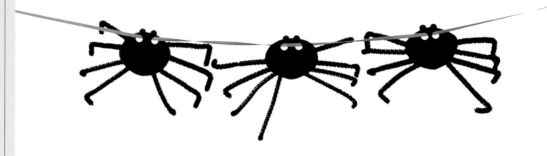

NOTES

Les unités de mesure utilisées dans toutes les recettes sont :
1 cuillerée à table = 15 ml
1 cuillerée à thé = 5 ml

Nous donnons les mesures métriques et impériales pour chaque recette.
N'utilisez qu'un seul système de mesure et non un mélange des deux.

Le four doit être préchauffé à la température spécifiée.
Si vous utilisez un four muni d'un ventilateur, suivez les instructions du
manufacturier afin d'ajuster le temps de cuisson et la température.

Nous avons utilisé des œufs de calibre moyen dans toutes les recettes.

Certaines recettes requièrent des noix ou des produits allergènes. Toute
personne allergique aux noix devra éviter de consommer les recettes
contenant des noix. Les enfants de moins de trois ans qui ont des
antécédents familiaux d'allergie aux noix, d'asthme, d'eczéma ou de tout
autre type d'allergie devront aussi éviter de consommer les plats contenant
des noix. Il faut éviter de donner des noix ou des graines entières à un
enfant de moins de cinq ans afin d'éviter les risques d'étouffement.

Table des matières

Introduction

Les enfants adorent créer, et ce livre contient une foule d'idées de cadeaux que les enfants de trois à dix ans pourront confectionner pour la famille et les amis. Les projets proposés dans ce livre sauront les inspirer et les amuser, que ce soit la fabrication d'un masque de monstre à porter un soir d'Halloween ou d'une carte pour souligner l'anniversaire de leur frère ou de leur sœur.

Créer de ses propres mains un objet est important pour tous; et particulièrement pour les enfants. Ils peuvent s'adonner très tôt au bricolage en observant d'abord leurs parents et leurs pairs et en participant de plus en plus jusqu'à ce qu'ils aient la satisfaction d'avoir créé eux-mêmes un objet de A à Z. Lorsque les enfants auront gagné de la confiance en soi en réalisant certains de ces projets, ils pourront s'amuser à transformer ces idées pour réaliser leurs propres conceptions. Le choix des couleurs et des matériaux fait, bien sûr, partie de la joie et du plaisir de créer.

Ce livre propose des projets d'artisanat qui sauront répondre à tous les goûts et à toutes les sources d'intérêt. Certains font appel à la glaise et à la pâte à modeler, ce qui n'est pas pour déplaire aux enfants qui adorent manipuler la matière brute, et d'autres, à la couture et à la pose de fleurs séchées,

ce qui convient mieux aux enfants de nature plus méticuleuse. Il propose de plus des recettes faciles à faire ainsi que des projets qui sortent de l'ordinaire comme des bougies et des articles de toilette parfumés.

Chaque chapitre comprend de nombreux projets thématiques ainsi qu'une marche à suivre claire et facile. Compte tenu que la sécurité est primordiale, nous ne saurions trop insister pour mettre l'accent sur la surveillance et l'assistance d'un adulte, surtout lorsque l'usage d'un couteau est nécessaire ainsi que l'utilisation de ciseaux et de teintures, sans oublier que cela aide aussi à circonscrire le fouillis! Le temps d'exécution et la tranche d'âge visée de chaque projet sont fournis à titre indicatif seulement. Laissez-vous guider par votre enfant et rappelez-vous que la plupart d'entre eux retirent une très grande satisfaction à accomplir la moindre tâche, aussi humble soit-elle. Alors, fiez-vous aux capacités de votre enfant.

Matériaux de base

Avant d'entreprendre un projet, prenez connaissance de la liste de tous les articles dont vous aurez besoin et que vous avez déjà probablement en réserve. Rappelez-vous qu'une foule d'objets peuvent servir au bricolage des tout-petits comme les pots de vitre, les cartons d'œufs, les rouleaux de papier essuie-tout et les contenants de yogourt. Conservez aussi les boutons, les bouts de tissus, les rubans, les dentelles, les perles et les paillettes.

Papiers

La plupart des projets requièrent l'usage de papier à un moment donné ou à un autre. Heureusement, ce matériau est polyvalent et résistant. Le papier de soie, le papier crépon, le papier bristol, le papier calque, les papiers de textures et de couleurs diverses sont disponibles dans la plupart des magasins de matériel d'artiste et d'artisanat. Le papier se découpe, se perfore, se plie, se déchire, se froisse en boule et sert même de pochoir. Ayez toujours un assortiment de papier sous la main et conservez les retailles inutilisées.

Peintures et crayons

La plupart des projets demandent l'utilisation de peinture acrylique. Bien qu'elle soit assez coûteuse, elle est non toxique, dure longtemps, ses couleurs se mélangent bien et sèchent rapidement. Pour donner aux bijoux en papier mâché un éclat incomparable, il existe des tubes de peinture acrylique fluorescente. La gouache est une peinture bon marché, prête à être utilisée sur toutes sortes de papiers, cartons et objets d'argile. Plusieurs glaçures pour la céramique doivent être cuites au four (ce qui permet de mettre l'objet au lave-vaisselle) en suivant les instructions du fabricant. On trouve ces glaçures dans les magasins de fournitures de matériel d'artiste.

Décorer des objets avec de la teinture à tissus, de la peinture et des crayons feutres est amusant, bien que l'opération puisse s'avérer assez salissante. Les peintures qui luisent dans l'obscurité et les peintures gonflantes sont particulièrement indiquées pour les costumes d'Halloween et autres projets de fête.

Les crayons feutres, les crayons de cire et les craies sont toujours de mise et peuvent être utilisés conjointement avec d'autres sortes de peintures.

Colles

L'adhésif polyvinylique (colle blanche) est une colle non toxique, très résistante et qui convient à la plupart des projets proposés dans ce livre.

Servez-vous de colle en bâton pour assembler deux morceaux de papier de soie ou de papier crépon, car les peintures et les colles à base d'eau comme l'adhésif polyvinylique ont tendance à les désagréger.

Les colles scintillantes sont généralement non toxiques, et les teintes offertes vont des couleurs primaires métallisées jusqu'aux verts et aux bleus irisés. Si un projet manque selon vous d'un petit quelque chose, une touche de colle scintillante fera toute la différence.

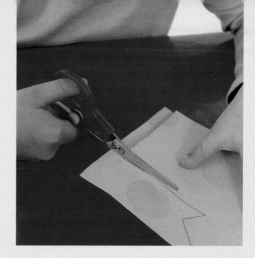
Pâtes à modeler

L'argile séchant à l'air libre s'enroule, se moule sur une forme comme celle d'un bol. Laissez la pâte durcir puis peignez-la. L'argile polymère (pâte Fimo) se décline en plusieurs couleurs ; pourquoi ne pas les mélanger pour créer un effet marbré ? Cette argile durcit à la cuisson. La pâte à sel est un mélange de farine, de sel et d'eau. Les tout-petits adorent y découper des formes avec des emporte-pièces. Faites cuire les formes obtenues très lentement au four. Peignez les formes lorsqu'elles auront refroidi. L'application de plusieurs couches de vernis prolongera la vie d'une pièce en pâte à sel, mais il faut éviter de l'exposer à l'humidité ou à la vapeur !

Articles spécialisés

Les cure-pipes, les fils de chenille et de raphia sont des éléments indispensables à une trousse d'artisanat bien constituée ; ils se plient, s'enroulent, se découpent et peuvent être utilisés sans problème par les plus petits comme par les plus grands. Ces articles se prêtent à une foule d'usages. Ils s'utilisent à la place d'un ruban pour ficeler un emballage-cadeau, servent à enfiler des perles de bois pour faire un collier ou pour créer une carte tridimensionnelle.

De plus, les perles, les paillettes et les brillants de toutes les couleurs, ajoutés à la toute fin, rehaussent le fini d'un objet d'artisanat. Assurez-vous toutefois que les jeunes enfants ne manipulent ces petites pièces qu'en présence d'un adulte.

Les formes prédécoupées en mousse, les feuillets autoadhésifs et les sacs d'autocollants de toutes les formes sont des matériaux idéaux pour les enfants. Ils obtiendront des résultats instantanés et auront la joie d'avoir participé au même titre que les membres plus âgés de la famille à l'élaboration d'un bijou, d'une carte de souhait ou à la fabrication de guirlandes de papier. Bien que ces objets déjà tout faits ne fassent pas autant appel à la créativité de l'enfant, ils sont attirants et s'intègrent facilement dans un projet précis, ce qui est un avantage certain lorsque le projet de bricolage s'adresse à de très jeunes enfants.

Les jeunes cuistots

Les jeunes adorent faire la cuisine. Ce livre vous propose une foule de délicieuses recettes dont l'une ou l'autre saura plaire à votre petit cuistot. Lorsqu'il aura choisi la recette qu'il désire exécuter, assurez-vous que vous avez sous la main tous les ingrédients nécessaires et que vous disposez de suffisamment de temps pour la préparer et la cuire.

Équipement de base

La plupart des ustensiles utilisés dans ce livre sont des articles de cuisine que vous possédez déjà. Les ustensiles et les ingrédients requis sont classés par ordre chronologique d'utilisation. L'utilisation du four à micro-ondes et du mixeur n'est pas essentielle sauf si vous voulez gagner du temps.

Poids et mesures

Pour réussir une recette, il est indispensable de mesurer avec précision les ingrédients. Cette précision, bien que barbante, est importante. Les recettes de ce livre sont en mesures métriques et impériales. Que vous choisissiez l'un ou l'autre de ces systèmes, suivez-le tout au long de la recette sans en changer.

Apprendre aux enfants à mesurer les ingrédients constitue une activité pédagogique qui met l'accent sur :

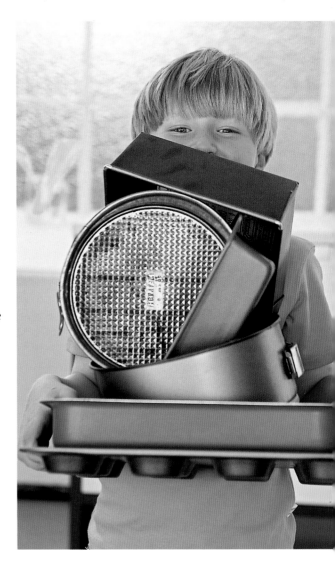

- la coordination
- l'importance de la précision
- l'habileté à compter et à additionner
- la représentation du volume

…sans qu'ils en aient conscience !

Cuisiner avec les tout-petits

Les jeunes enfants qui cuisinent doivent être constamment supervisés par un adulte. Installez votre enfant sur un tabouret solide afin qu'il puisse accéder sans problème à la surface de travail ou à l'évier. Sinon, recouvrez le sol avec une vieille nappe en plastique ou en vinyle et demandez-lui de s'y asseoir pendant qu'il mesure et mélange les ingrédients.

Certains enfants détestent porter des tabliers en vinyle. Si vous n'avez pas de tabliers en coton assez petits qui leur convient, servez-vous d'une vieille chemise d'enfant en guise de sarreau. Prévoyez beaucoup de temps pour cette activité, car les enfants ont horreur d'être bousculés.

Lorsque la recette est terminée, il est de bon aloi d'apprendre aux tout-petits à ranger la cuisine. Même les plus jeunes peuvent mettre l'épaule à la roue si vous les encouragez à le faire. Conservez la vadrouille à portée de main pour éponger les dégâts.

Rangeons tout !

Ranger la cuisine est nettement moins intéressant que de faire la cuisine, mais les enfants doivent néanmoins y participer. Encouragez-les à vous aider à ranger les aliments, à laver et à essuyer les bols et les ustensiles utilisés et à passer un linge humide propre sur la surface de travail avant de quitter la cuisine.

RÈGLES D'HYGIÈNE ET DE SÉCURITÉ

N'oubliez pas d'observer les règles de base d'hygiène et de sécurité lorsque vous vous affairez dans la cuisine :

- Lavez-vous toujours les mains avant de commencer à cuisiner.

- Si vos cheveux sont longs, attachez-les.

- Vérifiez toujours la date de péremption d'un aliment et jetez les aliments que vous avez échappés par terre.

- Surveillez avec attention les enfants qui doivent se servir de couteaux coupants, d'appareils électriques ou de la cuisinière pour réaliser leurs recettes.

- N'hésitez pas à vous servir d'un plus grand chaudron pour éviter que le contenu ne déborde au cours de la cuisson. Tournez les manches des casseroles vers les côtés de la cuisinière.

- Épongez immédiatement les aliments ou les liquides renversés sur le plancher afin d'éviter de glisser sur une flaque graisseuse.

- Servez-vous toujours de gants de protection pour saisir les plats chauds au sortir du four.

- Évitez d'abîmer votre surface de travail en vous servant d'une planche à découper pour tailler les aliments et en déposant les plats chauds sur un dessous-de-plat résistant à la chaleur, une planchette de bois ou même sur la cuisinière si vous ne vous en servez pas.

Le papier, c'est amusant

Carte tee-shirt

5-6 ans

Cette carte et ses variantes ressemblent à des vêtements et sont pliées de façon à se tenir debout. Leur réalisation vous donne l'occasion de vous servir de bouts de tissus, de boutons, de galons et de dentelles pour confectionner une carte originale qui figurera sûrement parmi vos plus beaux souvenirs.

1 Assurez-vous que le papier blanc est assez grand pour faire la carte. Taillez un bout de tissu aux mêmes dimensions que le papier. Collez délicatement le tissu sur le papier.

2 Reportez le contour d'un tee-shirt sur le tissu en vous servant du modèle de la page 240.

3 À l'aide des ciseaux, coupez le pourtour. Puis, pliez la carte en deux avant de couper l'encolure.

Temps d'exécution 30 minutes

Vous aurez besoin :

Papier blanc épais

Retaille de tissu (suffisamment grande pour recouvrir la carte)

Ciseaux

Colle

Crayon

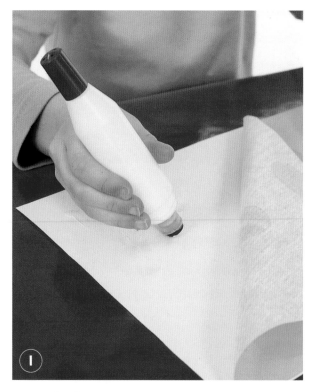

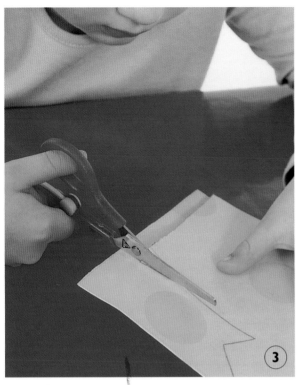

Variantes

Vous pouvez vraiment laisser aller votre imagination avec ces cartes vêtements. Servez-vous des modèles proposés ou fabriquez vos propres formes, comme une chaussure avec des lacets ou une casquette de baseball. Voici quelques suggestions :

- Un chapeau en feutrine décoré de paillettes et de plumes.

- Un tablier de coton avec une bordure et des poches en dentelle.

- Un boxer-short avec des boutons et un ruban.

- Un sac à main avec des pompons et des cure-pipes de couleur.

Conseils

★ Apposez la colle sur le papier plutôt que sur le tissu. Assurez-vous de l'étendre uniformément.
★ Ne soyez pas trop ambitieux quant à la dimension. Il est plus facile de bien coller le tissu sur de plus petites surfaces.

**Temps d'exécution
15–30 minutes**

Vous aurez besoin :

Ciseaux

Papier rouge

Autocollants roses en
forme de cœur (ou
du papier rose)

Paillettes et faux
diamants

Colle

Cartes de Saint-Valentin

2-6 ans

Tout le monde aime recevoir une carte
faite à la main pour la Saint-Valentin.
Nous vous proposons des cartes que
les enfants de tout âge auront plaisir à
confectionner. Les cure-pipes se prêtent
particulièrement bien à l'élaboration des
bras pliés en accordéon et des mains par
les plus jeunes, tandis que les plus vieux
s'attaqueront avec bonheur aux dessins
plus complexes des cœurs scintillants et
des lèvres. Toutes ces cartes se font en
quelques minutes.

(**1**) Découpez un cœur rouge en vous servant du
plus grand modèle de la page 241.

(**2**) Déposez le feuillet adhésif rose en forme de
cœur au centre de la carte. Si vous n'avez pas de
ces feuillets adhésifs, dessinez et découpez un plus
petit cœur sur une feuille rose en vous guidant
sur le plus petit modèle de la page 241.

3 Pliez la carte en deux de façon à ce qu'elle
tienne debout sur une surface plane.

(**4**) Décorez-la en y collant des faux diamants et
des paillettes.

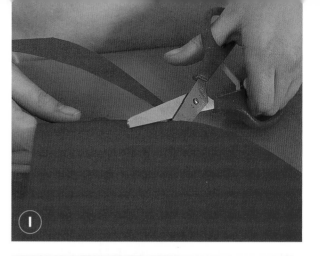

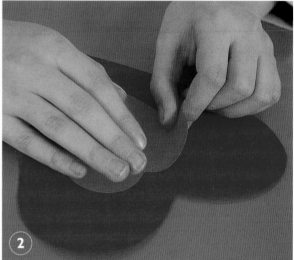

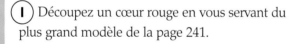

Variantes

Gros câlins

Les tout-petits adoreront confectionner ces cœurs colorés en cure-pipes avec des bras en accordéon auxquels ils auront collé des mains en forme de cœur.

Visage rigolo en forme de cœur

Décorez une carte en forme de cœur en y dessinant un visage. Collez de biais ce visage sur une carte de couleur contrastante. Complétez le tout par de longues jambes en accordéon et vous aurez une carte sensationnelle à offrir à cette personne si importante dans votre vie.

Carte en zigzag

Collez des cœurs au bout de cure-pipes pliés en accordéon et insérez-les dans les plis d'une carte en carton ondulé de couleur argent pour obtenir une vraie carte tridimensionnelle.

Conseil

★ Plutôt que de découper vous-même des cœurs, employez des autocollants en forme de cœur, une solution qui vous fera gagner du temps.

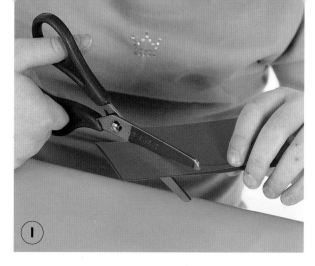

Étiquette-cadeau en forme de coccinelle

2-6 ans

Des étiquettes-cadeaux rehausseront l'apparence d'un cadeau, et les enfants de tout âge sauront les confectionner. Des boîtes de conserve recyclées en pots de fleurs printanières font de merveilleux cadeaux pour la Fête des mères; l'étiquette-cadeau s'attache à une feuille ou à une tige de fleur.

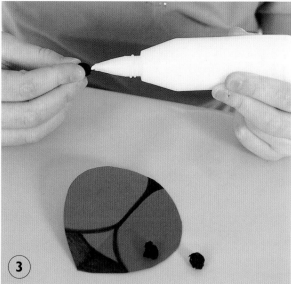

① Pliez une feuille de papier rouge en deux. À partir du pli, dessinez la moitié de la forme d'une coccinelle sur le papier — un généreux demi-cercle avec un bout légèrement effilé. Découpez la forme.

2 Servez-vous du crayon feutre noir pour tracer une ligne au milieu de la forme rouge pour faire les ailes et colorez la tête.

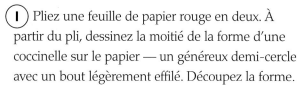

③ Faites environ huit petites boulettes de tissu ou de papier crépon noir et collez-les sur la coccinelle.

④ Percez un trou à travers la tête de la coccinelle et enfilez-y un ruban pour attacher l'étiquette-cadeau.

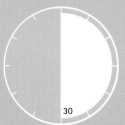

30

**Temps d'exécution
30 minutes**

Vous aurez besoin :

Papier rouge

Crayon

Ciseaux

Crayon feutre noir

Tissu noir (ou du papier crépon noir)

Colle en bâton

Poinçonneuse

Ruban rouge

Variantes

Vous pouvez faire des étiquettes-cadeaux de toutes les formes et de toutes les dimensions. Par exemple : des papillons, des abeilles, des poissons et des fleurs. Servez-vous de papier déchiré d'une couleur contrastante et de papier de soie pour les décorer.

Conseils

★ Les formes simples et très reconnaissables donnent de meilleurs résultats et rempliront d'aise vos tout-petits.

★ Assurez-vous de plier le papier en deux afin d'obtenir une forme parfaitement symétrique.

★ Le papier est un matériau très résistant. Essayez de le froisser en boule pour en faire diverses formes que vous collerez sur votre étiquette-cadeau.

Emballage et étiquettes-cadeaux

2-6 ans

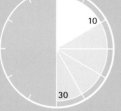

**Temps d'exécution
10-30 minutes**

Vous aurez besoin :

Gouache

Rouleaux ou feuilles de papier de couleur

Pinceaux

Ciseaux

Colle

Poinçonneuse

Papier de construction

Rubans ou cure-pipes

Confectionner du beau papier d'emballage est un merveilleux projet à réaliser par un beau jour d'été. Disposez vos feuilles de papier à l'extérieur avec des pots de gouache de diverses couleurs et demandez à vos enfants de dessiner des formes au pinceau. Vous pouvez aussi confectionner des étiquettes-cadeaux à partir de ces papiers peints en y enfilant un ruban ou un morceau de cure-pipe. Si vous choisissez de pratiquer cette activité à l'intérieur, assurez-vous de bien couvrir les surfaces environnantes !

(**1**) Dessinez des cercles à la gouache sur le papier de couleur à intervalles réguliers. Laissez sécher.

(**2**) Confectionnez des étiquettes-cadeaux en taillant le papier peint aux dimensions requises. Collez l'étiquette-cadeau sur du papier de construction si le papier est mince. Faites un trou pour passer l'attache.

(**3**) Servez-vous de bouts de rubans, de raphia ou de cure-pipes pour faire ces attaches.

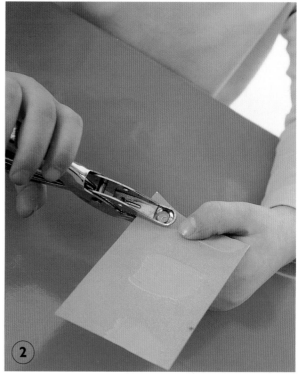

Variantes

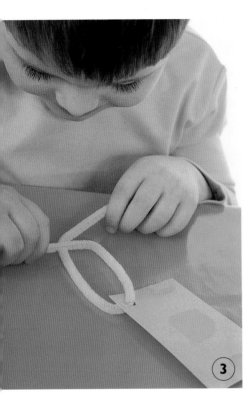

- L'emploi de couleurs contrastantes pour le papier d'emballage donne de bons résultats. Essayez d'agencer le vert et l'orange, le bleu foncé et le bleu plus pâle en arrière-plan.

- Faites des expériences en peignant des pois, des carrés, des rayures et des croix.

- Faites des cartes, du papier, des étiquettes-cadeaux et des enveloppes coordonnés en vous servant d'autocollants en forme de cercle et d'étoile.

- Choisissez des rubans qui rendent les couleurs encore plus éclatantes, comme un vert ou un rose irisés.

Conseils

★ Décorez des étiquettes d'identification de bagages pour en faire des étiquettes-cadeaux.

★ Assurez-vous de protéger adéquatement les surfaces environnantes lorsque vous faites de la peinture à l'intérieur.

★ Ajoutez une touche de blanc à certaines couleurs pour obtenir d'autres nuances.

Bonbonnières

4-6 ans

Ces bonbonnières décoratives serviront de réceptacles à n'importe quel type de bonbons ou à un petit cadeau emballé dans du tulle retenu par un ruban.

1. Prenez un carré de papier jaune et découpez l'une des bordures à l'aide des ciseaux à cranter. Ajustez le papier autour de la partie supérieure d'un gobelet posé à l'envers sur la table. Fixez les deux bordures du papier qui se touchent à l'aide de ruban adhésif. Repliez la section du haut sur le fond du gobelet pour en faire le fond de la bonbonnière. Fixez le tout à l'aide de ruban adhésif.

2. À l'aide des ciseaux à cranter, découpez une petite bande de papier qui servira de poignée. Fixez la bande sur la bonbonnière à l'aide d'une agrafeuse.

3. À l'aide des ciseaux universels, découpez trois petites pièces de papier en forme d'éventail (n'oubliez pas d'y faire des franges) pour la queue et les deux ailes. Collez la queue à l'arrière de la bonbonnière et les ailes, sur les côtés, juste en dessous de la poignée.

4. Faites des yeux, un bec et une touffe de plumes pour la tête avec de la feutrine ou du papier et collez-les en place sur la tête (pompon jaune). Lorsque le tout est sec, collez le pompon à l'avant de la bonbonnière.

5. Achetez des petits œufs en chocolat ou autres babioles. Enveloppez-les d'une petite pièce de tulle, attachez-le avec un bout de ruban et placez les friandises à l'intérieur du panier.

**Temps d'exécution
30 minutes**

Vous aurez besoin :

Papier jaune

Ciseaux à cranter
et universels

Gobelet

Ruban adhésif

Agrafeuse

Colle

Pompon jaune pour
la tête

Feutrine ou papier pour
les yeux et le bec

Œufs en chocolat ou
un petit cadeau

Tulle

Ruban

Variantes

- Vous pouvez, par exemple, donner à votre bonbonnière des formes d'animaux. Les bonbonnières peuvent être de toutes les formes et de toutes les dimensions, essayez toutefois de vous en tenir à un thème qui rappelle la fête de Pâques et à l'emploi de tons pastel.

- Rassemblez des boîtes, des bols et tout contenant qui donneraient une forme intéressante à vos bonbonnières.

Conseil

★ Assurez-vous que le fond et la poignée de la bonbonnière sont bien fixés.

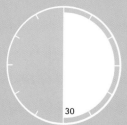

Temps d'exécution
30 minutes

Vous aurez besoin :

Papier de construction orange

Ciseaux

2 petites pommes de terre

Couteau ou vide-pomme

Gouache (quatre couleurs)

Pinceau

Crayon feutre noir

Carte en forme de lapin à pois

2-6 ans

Bricolez une carte de Pâques aux couleurs vives à l'aide d'un pochoir pour faire plaisir aux amis et aux parents. Servez-vous de légumes, comme des pommes de terre ou des carottes, ou d'une éponge, ou encore de pochoirs que vous aurez achetés dans un magasin de matériel d'artiste. C'est une activité passionnante à faire, si les dégâts ne vous font pas peur !

1 À l'aide du modèle de la page 242, découpez un lapin dans une feuille de papier de construction orange.

2 Coupez les pommes de terre en deux et, dans chaque moitié, découpez un petit cercle à l'aide d'un couteau (ou d'un vide-pomme). Évidez tout autour du cercle de manière à le laisser en relief.

(3) Servez-vous des quatre couleurs de gouache, une pour chacun des cercles de pommes de terre. À l'aide d'un pinceau, enduisez de gouache chaque pochoir et tamponnez-les sur le papier orange.

(4) Une fois la peinture séchée, pliez le carton en forme de lapin en deux, puis repliez les bordures vers le pli du centre, ce qui permettra à la carte de tenir debout. Dessinez un visage avec le crayon feutre noir.

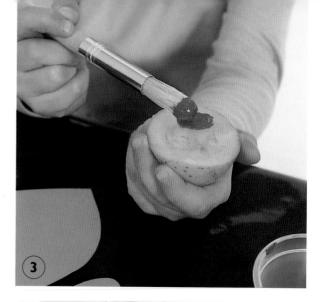

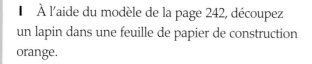

Variantes

Cartes et étiquettes-cadeaux colorées

Collez une bande de papier de couleur contrastante sur une carte pliée en deux. Découpez une image que vous avez réalisée au pochoir et collez-la au centre de la carte. Décorez avec des billes de verre et des paillettes. Faites-en une étiquette-cadeau en perforant un trou et enfilez-y un bout de ruban.

Conseils

- ★ Faites un pochoir en forme de cercle en coupant en deux une carotte.
- ★ Conservez les diverses couleurs de gouache dans des contenants séparés et servez-vous d'un pinceau différent pour chacune d'elles.
- ★ Si vous utilisez un papier de couleur foncée, ajoutez un peu de blanc aux couleurs pour qu'elles soient plus apparentes sur le papier.

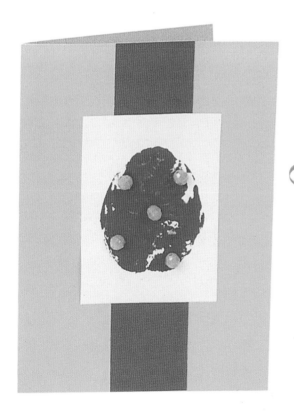

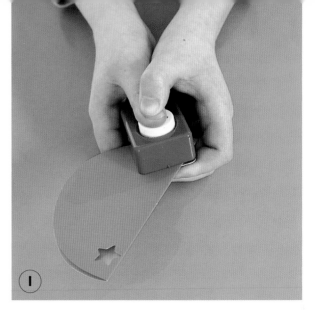

Cartes à bascule

2-6 ans

Les cartes artisanales et les étiquettes-cadeaux ne coûtent rien à réaliser et sont des incontournables du temps des Fêtes. Les tout-petits apprécieront ces cartes de Noël qui se balancent, ces bandes colorées à installer autour des boîtes et ces étiquettes-cadeaux retenues par des rubans aux couleurs vives qui donnent aux emballages une allure si spéciale. Vous pouvez vous procurer des poinçonneuses aux motifs variés dans les magasins de matériel d'artiste et d'artisanat, les enfants en raffolent, et ces poinçonneuses leur procureront des heures de plaisir.

1 Découpez un cercle dans du papier de couleur (servez-vous d'une petite soucoupe posée à plat sur le papier et tracez-en le contour à l'aide d'un crayon), pliez-le en deux. Poinçonnez des étoiles autour du demi-cercle.

2 Découpez une étoile (voir le modèle de la page 238) d'une autre couleur. Collez-la au centre du pli.

3 Ajoutez une étoile argentée au centre de l'étoile en papier.

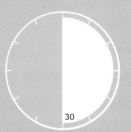

**Temps d'exécution
30 minutes**

Vous aurez besoin :

Ciseaux

Papiers de couleur

Poinçonneuse en forme d'étoile

Étoiles argentées

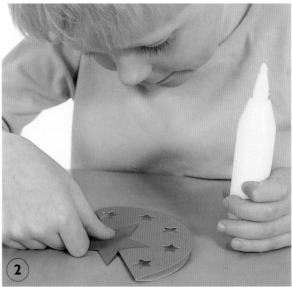

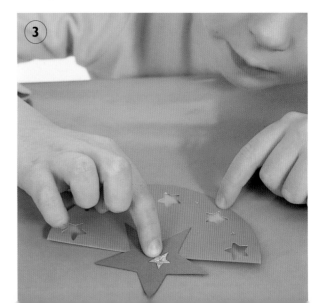

Variantes

Créez vos propres motifs

Faites des cartes à bascule pour toutes les occasions en collant diverses formes sur le pli du papier. Vous pouvez vous servir des modèles fournis aux pages 238-239 pour confectionner des cartes de Noël.

Emballage-cadeau

Créez un emballage en recouvrant une boîte de papier de couleur, en y apposant une bande de papier de couleur contrastante et en y collant des petits sapins ou autres décorations.

Étiquette-cadeau

Les étiquettes se font en un clin d'œil si vous vous servez de papiers de diverses formes et couleurs. Vous n'aurez qu'à percer un trou et à décorer avec ce que vous avez sous la main.

Conseils

★ En vous servant de formes pré-découpées comme des autocollants, vous gagnerez du temps.
★ Pour de meilleurs résultats, servez-vous de papier aux couleurs franches et contrastantes.

Carte à lettre pivotante

2-6 ans

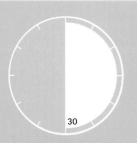

**Temps d'exécution
30 minutes**

Vous aurez besoin :

Papier

Crayon

Ciseaux

Formes préencollées

Carte

Poinçonneuse

Attache parisienne

Personnalisez une carte d'anniversaire ou une invitation en apposant un chiffre ou une lettre sur un fond de papier de couleur contrastante; fixez le chiffre ou la lettre à l'aide d'une attache parisienne que vous placerez au centre pour que cette partie de la carte puisse pivoter. Tout le monde apprécie recevoir une carte faite à la main, les grands-parents comme les parents. Assurez-vous que les couleurs choisies sont vives et pimpantes, et procurez-vous une belle enveloppe de couleur pour y insérer votre carte.

1 Tracez une lettre capitale sur un bout de papier violet et découpez-la à l'aide de ciseaux.

2 Décorez la lettre en y collant les formes ou les fleurs préencollées.

3 Déposez la lettre au centre d'une carte d'une couleur qui tranche avec la couleur de celle-ci. Percez un trou à travers la lettre et la carte et insérez-y une attache parisienne.

(1)

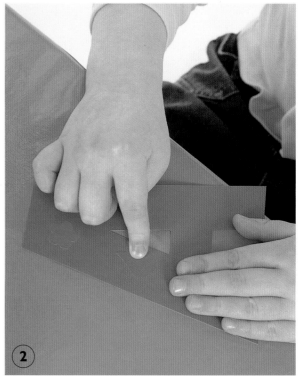

(2)

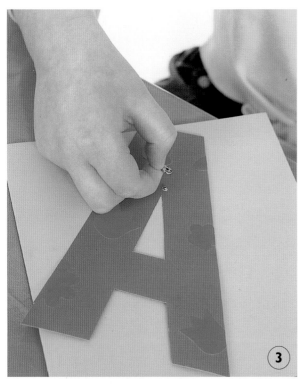

Variantes

- Vous pouvez utiliser ce modèle pour faire des cartes de toutes les formes et de toutes les dimensions. Faites-en une ronde et découpez-la aux ciseaux à cranter ou faites des trous sur le pourtour du cercle à l'aide d'une poinçonneuse.

- Au lieu d'un chiffre ou d'une lettre, vous pouvez découper un ourson, un robot ou n'importe quelle autre forme que vous désirez.

- Collez des bandes de papier décorées sur du papier de construction avant d'y ajouter la forme pivotante.

Conseil

★ L'emploi de formes prédécoupées et préencollées vous font gagner du temps, mais rien ne vous empêche de dessiner, découper et coller vos propres conceptions.

Carte en forme de chien tacheté

6-8 ans

La tête de ce délicieux personnage est fixée au reste du corps par des fermetures velcro ; ce qui permet à l'enfant de la détacher et de porter la tête comme un macaron. Vous pouvez vous procurer du velcro dans les magasins d'artisanat ou de couture. Au lieu d'un chien tacheté, vous pouvez faire un cochon rose ou une grenouille verte.

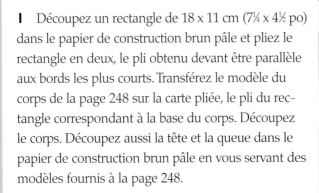

1 Découpez un rectangle de 18 x 11 cm (7¼ x 4½ po) dans le papier de construction brun pâle et pliez le rectangle en deux, le pli obtenu devant être parallèle aux bords les plus courts. Transférez le modèle du corps de la page 248 sur la carte pliée, le pli du rectangle correspondant à la base du corps. Découpez le corps. Découpez aussi la tête et la queue dans le papier de construction brun pâle en vous servant des modèles fournis à la page 248.

2 Dessinez une gueule sur la tête à l'aide du crayon feutre noir. Déchirez des morceaux de papier noir pour faire les taches de poils noirs. Collez-les sur la tête, le corps et la queue.

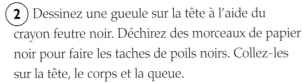

3 Collez le pompon noir au milieu du visage, qui fera office de truffe. Collez les yeux qui bougent au-dessus du pompon.

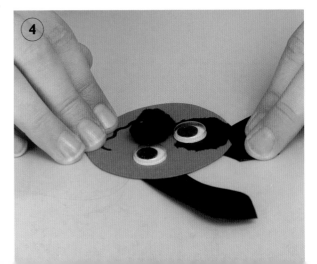

4 En vous servant du modèle de la page 248, découpez les deux oreilles dans le papier noir. Collez les oreilles derrière la tête. Repliez le bout des oreilles par-dessus la tête.

**Temps d'exécution
1 heure**

Vous aurez besoin :

Règle

Crayon

Ciseaux

Papier de construction brun pâle

Papier calque

Crayon feutre noir

Papier noir

Colle blanche

Pompon noir

2 yeux qui bougent

2 fermetures velcro

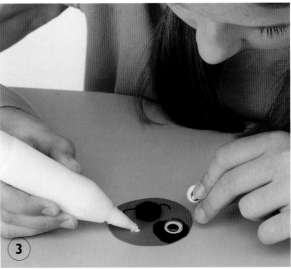

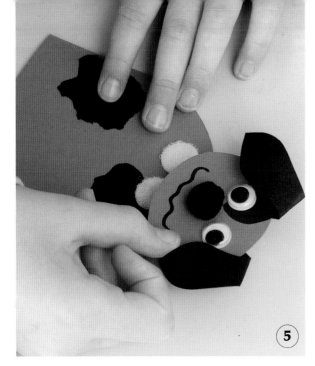

5 Collez la queue à l'arrière et repliez-la vers l'avant. Collez les deux parties velours du velcro au haut du corps. Déposez la tête sur laquelle vous aurez au préalable collé les deux parties crochets du velcro, sur le haut du corps.

Conseil

★ Si vous préférez, vous pouvez dessiner au crayon feutre les touffes de poils noirs au lieu de coller du papier noir déchiré.

Variantes

Carte en forme de cochon rose

En vous servant des modèles des pages 248-249, découpez le corps, la tête, le museau et les oreilles du cochon dans du papier de construction rose. Dessinez des yeux sur la tête et des naseaux sur le museau à l'aide d'un crayon feutre noir. Collez les oreilles derrière la tête et repliez-les vers l'avant. Collez le museau à la tête en vous servant d'un coussin mousse auto-collant. Percez un trou à l'arrière du corps pour y insérer un cure-pipe rose qui fera office de queue en tire-bouchon.

Carte en forme de grenouille verte

En vous servant des modèles des pages 248-249, découpez le corps, la tête et les pieds de la grenouille dans du papier de construction vert. Dessinez un sourire sur la tête à l'aide d'un crayon feutre noir. Collez deux yeux qui bougent au sommet de la tête. Faites deux trous à travers les pieds et l'avant du corps et insérez deux bouts de cure-pipes en guise de pattes.

Sac à main en papier

5-6 ans

Glissez un message secret ou un tout petit cadeau dans ce joli sac à main décoré de paillettes scintillantes. Servez-vous de ces créations en papier comme paniers de fête pour y mettre des auto-collants ou des épingles à cheveux. Les amis en raffoleront ! De plus, ces sacs à main font de très belles décorations d'arbre de Noël.

**Temps d'exécution
45 minutes**

Vous aurez besoin :

Ciseaux

Crayon

Règle

Papier crépon

Colle universelle

Galon rouge étroit
de 20 cm (8 po)

Paillettes de toutes
formes

1 Découpez un rectangle de 20 x 10 cm (8 x 4 po) dans du papier crépon en coupant le long rebord parallèle au plissé du papier. Pliez le papier en deux.

2 En vous servant d'un crayon et d'une règle, tracez des lignes obliques à partir du pli jusqu'aux coins supérieurs. Découpez le long des lignes obliques.

3 Étirez délicatement les deux côtés de la partie supérieure pour accentuer l'aspect plissé du papier.

4 Collez les bords obliques ensemble. Pour faire la poignée, collez un bout du galon à l'intérieur de chaque coin supérieur.

5 Décorez en collant des bandes de paillettes sur l'avant du sac.

5

Variantes

Sac à main lilas

Pliez le rectangle de papier tel qu'expliqué à l'étape 1, mais ne coupez pas en oblique et n'étirez pas la partie supérieure du sac. Collez les côtés ensemble, puis installez un galon perlé en guise de poignée. Collez du marabout lilas sur le rebord supérieur et décorez l'avant du sac en collant quelques paillettes argentées.

Sac à main turquoise

À l'étape 2, tracez des lignes obliques à partir du pli jusqu'aux coins supérieurs. Découpez le long des lignes obliques. Étirez délicatement les deux côtés de la partie supérieure pour accentuer l'aspect plissé du papier. Collez les côtés ensemble, puis installez un galon doré en guise de poignée. Décorez avec un gel brillant en créant un effet de vagues.

Conseils
★ Le papier crépon se pliera plus facilement si vous tracez d'abord une ligne au crayon à l'endroit où se situera le pli.
★ Essayez de confectionner le sac en utilisant deux épaisseurs de papier crépon de différentes couleurs. Votre sac n'en sera que plus solide et plus coloré.

Carnet décoré

6-8 ans

Les carnets sont en général peu coûteux, mais vous pouvez les transformer en objets de luxe en les décorant avec des bandes de papier de couleur. Servez-vous de vieux papiers d'emballage, de bouts de papier peint et d'images de magazine particulièrement frappantes. Découpez les bords de certains papiers avec des ciseaux à cranter ou des ciseaux universels pour ajouter plus de texture.

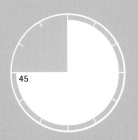

**Temps d'exécution
45 minutes**

Vous aurez besoin :

Crayon

Règle

Papier uni et à motifs

Ciseaux à cranter
   et universels

Colle à papier

Carnet épais muni
   d'un dos

(**1**) En vous servant d'une règle et d'un crayon, tracez des lignes sur le papier uni ou à motifs pour en faire des bandes. Découpez-les avec les ciseaux à cranter ou avec les ciseaux universels.

(**2**) Collez les bandes sur la couverture et le long du dos du carnet en laissant les extrémités dépasser au-dessus et en dessous de la couverture.

(**3**) Ouvrez le carnet et collez les bouts des bandes vers l'intérieur.

(**4**) Mesurez l'intérieur de la page couverture et, en vous servant des ciseaux universels, découpez deux morceaux de papier à motifs à ces dimensions. Collez les papiers à l'intérieur de façon à camoufler les bouts de bandes de papier. Faites sécher en laissant le carnet ouvert.

(1)

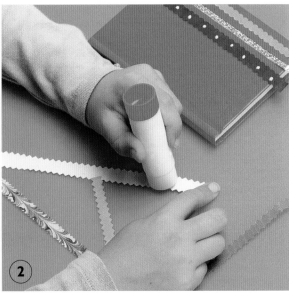

(2)

(3)

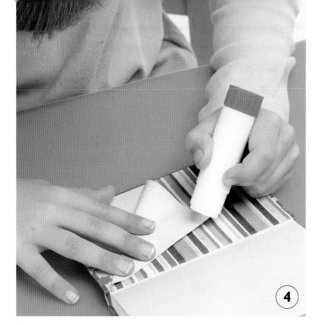

(4)

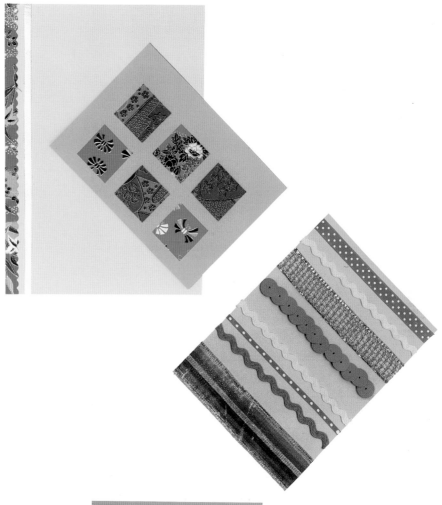

Variantes

Papier à lettres rayé et feuillet décoré de carrés de papier

Collez des bandes de papier à motifs et des rubans d'emballage en bordure d'une feuille de papier à lettres. Collez des carrés de papier à motifs sur un feuillet. Laissez sécher avant de vous en servir.

Feuillet décoré de rubans, de paillettes et de croquets

Collez des bandes de rubans et de croquets ainsi qu'un galon de paillettes sur un feuillet. Laissez sécher complètement.

Papier à lettres à pois avec enveloppe assortie

Collez des autocollants ronds dans la partie supérieure d'une feuille de papier à lettres. Réservez un de ces autocollants pour sceller l'enveloppe.

Conseil
★ Pliez en deux des feuilles de papier à lettres pour former un feuillet, puis décorez-le.

Invitations d'Halloween

4-6 ans

Les fêtes d'Halloween sont toujours fascinantes, surtout à cause de toutes ces choses effrayantes que l'on peut fabriquer. Tenez-vous-en à l'orange et au noir et gardez toute la petite famille affairée à fabriquer des sacs de fête, des cartes et des invitations pour cette occasion.

**Temps d'exécution
15 minutes**

Vous aurez besoin :

Papier noir

Crayon blanc

Ciseaux

Gel brillant de couleur argent

Carton ondulé orange

Colle

(1) Pliez une feuille de papier noir en deux. En vous servant du modèle de la page 245, dessinez la moitié d'une chauve-souris sur le papier plié avec un crayon blanc. Découpez la forme.

(2) Faites les yeux en vous servant d'un gel brillant de couleur argent. Pliez chacune des ailes vers le pli central.

(3) Dépliez la chauve-souris et collez le bout de chacune des ailes à un carton ondulé orange que vous aurez préalablement plié. Assurez-vous que le pli central de la chauve-souris est bien vis-à-vis du pli du carton orange.

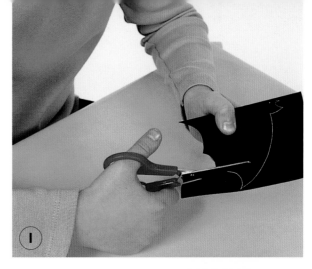

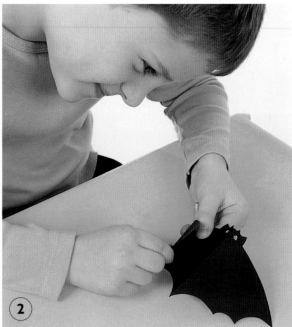

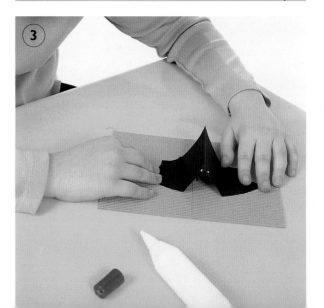

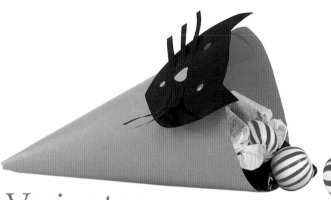

Variantes

Sacs de fête

Décorez des cônes orange que vous aurez fabriqués avec des têtes de chat faites en papier noir (en vous servant du modèle de la page 245). Confectionnez un sac avec du papier crépon plié dont vous aurez collé les côtés (servez-vous d'un bâtonnet de colle); décorez-le et attachez-le avec un bout de laine noire en y ajoutant une petite grenouille à pince.

D'autres cartes à faire peur

Un simple visage d'une citrouille noire (en vous servant du modèle de la page 245) collée sur un carton orange aura fière allure. Découpez une main parsemée de veines (servez-vous d'un gel brillant) et surmontée d'une bague en forme d'araignée (utilisez les modèles des pages 244 et 245).

Conseil
★ Utilisez un bâtonnet de colle sur le papier crépon – les colles à base d'eau ont tendance à désagréger et à décolorer le papier.

Étiquette-cadeau florale

6-8 ans

Recevoir un présent fait toujours plaisir, surtout lorsqu'une étiquette-cadeau faite à la main y est apposée. Cette magnifique étiquette-cadeau florale est facile à réaliser parce que la fleur est un simple carré de papier de soie froissé.

I Découpez un rectangle de 12 x 8,5 cm (4¾ x 3⅜ po) dans un carton blanc et pliez-le en deux. Décalquez le modèle du pot de fleurs de la page 247 en vous servant du papier calque. Transférez le dessin sur le carton ondulé rouge. Découpez le pot.

2 Collez le pot de fleurs sur l'étiquette blanche.

3 Dessinez une tige qui émerge du pot et des feuilles à l'aide du crayon feutre vert.

4 Découpez un carré de 4 cm (1½ po) de papier de soie rose. Froissez le carré et collez-le au bout de la tige.

5 Percez un trou au coin supérieur gauche de l'étiquette-cadeau. Enfilez le ruban rouge à travers le trou.

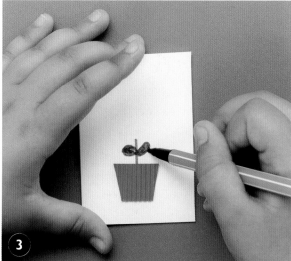

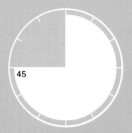

Temps d'exécution 45 minutes

Vous aurez besoin :

Règle

Crayon

Ciseaux

Carton blanc

Papier calque

Carton ondulé rouge

Colle

Crayon feutre vert

Papier de soie rose

Poinçonneuse

Ruban étroit de 20 cm (8 po)

(5)

Conseil

★ Si vous n'avez pas de carton ondulé de couleur, découpez une vieille boîte en carton et peignez les morceaux obtenus d'une couleur vive.

Variantes

Tableau d'un arbre dans un bac à fleurs

Découpez une forme carrée en guise de bac à fleurs dans le carton ondulé rouge et collez-la sur un carton de couleur ivoire. Dessinez le tronc de l'arbre avec le crayon feutre vert. Découpez quatre carrés de 4 cm (1½ po) de papier de soie vert pour faire les feuilles. Pour les fleurs, taillez trois carrés de 3 cm (1¼ po) de papier de soie rouge et froissez-les. Collez d'abord les feuilles puis les fleurs au sommet du tronc d'arbre. Collez le carton ivoire sur un papier d'emballage à carreaux verts et placez la carte obtenue dans un cadre vert en bois.

Tableau de fleurs jaunes

Dessinez une rangée de trois tiges et feuilles avec un crayon feutre vert sur un morceau de carton blanc. Découpez trois carrés de 4 cm (1½ po) de papier de soie jaune, froissez-les entre vos doigts et collez-les aux tiges que vous avez dessinées. Collez le carton blanc sur un papier d'emballage à carreaux rouges et placez la carte obtenue dans un cadre rouge en bois.

Carte ourson en boutons

3-5 ans

Les boutons se déclinent en tant de couleurs, formes et dimensions diverses que vous n'aurez aucun problème à en trouver à la maison. Amusez-vous à les combiner en utilisant les formes les plus étranges pour faire des petits personnages rigolos comme le charmant ourson qui décore cette carte.

**Temps d'exécution
45 minutes**

Vous aurez besoin :

Règle

Crayon

Ciseaux

Carton ivoire

Assortiment de
   boutons plats

Colle universelle

I Découpez un rectangle de 20 x 10 cm (8 x 4 po) dans un carton ivoire et pliez la carte en deux. Collez un bouton rose à quatre trous sur la carte en guise de tête.

2 Collez un plus gros bouton rouge en dessous de la tête pour faire le corps de l'ourson.

3 Collez deux autres boutons mauves de chaque côté du corps pour faire les pattes.

4 Collez deux petits boutons violets de part et d'autre du sommet de la tête pour faire les oreilles. Pour finir, collez un tout petit bouton rose à la base de la tête pour créer le museau. Laissez la colle sécher avant d'écrire à l'intérieur de la carte.

2

3

Variantes

Carte dauphin

Collez un bouton en forme de dauphin sur le devant d'une carte bleu pâle que vous avez pliée en deux au préalable. Collez des bandes de papier bleu électrique et jaune ocre, que vous aurez déchirées à la main, à travers la carte pour créer l'illusion de la mer et du sable. Pour compléter le tout, cousez deux boutons en forme de coquillage en prenant soin de ne pas froisser la carte (un adulte pourrait vous aider).

Carte des trois petits cochons

Déchirez des bandes de papier lilas et vert à pois, puis collez-les à travers une carte bleu clair que vous aurez pliée en deux pour donner l'impression du ciel et d'un champ. Cousez délicatement trois boutons en forme de cochonnet dans le champ.

Conseil
★ Il est facile de coller les boutons dont l'arrière est plat, mais les boutons dont l'arrière est surélevé doivent absolument être cousus en place.

Calendrier de l'Avent

5-6 ans

Pourquoi ne pas confectionner votre propre calendrier de l'Avent et glisser dans chaque pochette de feutrine une friandise qui saura ravir les enfants au fil des jours ?

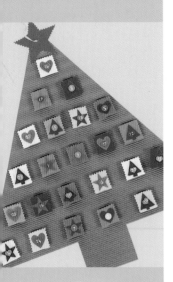

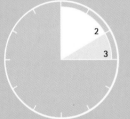

Temps d'exécution 2-3 heures

Vous aurez besoin :

Carré de 50 cm (20 po) de carton ondulé vert

Crayon

Ciseaux universels et à cranter

Feutrines de couleurs diverses

Poinçonneuse

Colle

Peinture gonflante (disponible dans les magasins de matériel d'artiste)

Formes prédécoupées en mousse

Rondelles de velcro

24 babioles ou friandises

Ficelle

1 Découpez un sapin dans le carton ondulé vert. À l'aide des ciseaux à cranter, découpez une étoile en feutre rose (voir le modèle de la page 238) et collez-la au sommet de l'arbre. Percez un trou au centre de l'étoile.

2 Servez-vous des modèles des pages 238-239 pour tailler les 24 formes de petit sapin, de cœur et d'étoile dans les feutrines de diverses couleurs (à l'aide des ciseaux universels).

3 Dessinez 24 formes oblongues – 2,5 x 7 cm (1 x 3 po) – sur les feutrines de diverses couleurs. Découpez-les à l'aide des ciseaux à cranter. Déposez de la colle sur les longs rebords des formes allongées, et repliez la feutrine pour en faire un petit sac.

4 Collez de la feutrine sur 24 formes prédécoupées en mousse. Avec de la peinture gonflante ou un crayon feutre, inscrivez les chiffres de 1 à 24 sur celles-ci. Collez les feutrines à numéro sur chacun des petits sacs.

5 Fixez les rondelles de velcro côté crochets sur le sapin à intervalle régulier. Fixez les rondelles côté velours à l'arrière des 24 sacs en feutrine. Glissez dans chaque sac une petite friandise ou une babiole et installez-les sur le calendrier. Enfilez une ficelle à travers le trou de l'étoile au sommet du sapin.

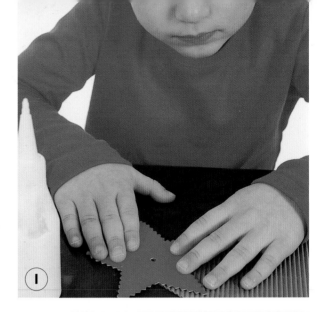

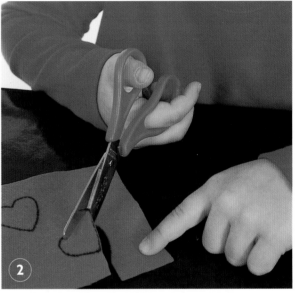

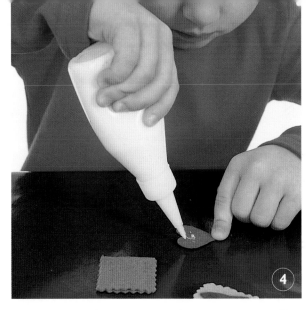

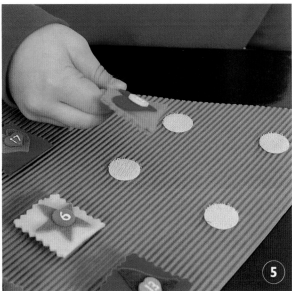

Variante

Calendrier au chocolat

À l'aide de ruban adhésif, fixez des boucles de ruban à l'arrière de 24 petits chocolats de Noël. Inscrivez les chiffres de 1 à 24 sur de petites rondelles adhésives et collez-les sur chaque chocolat. À l'aide de pinces à linge, suspendez les chocolats en ordre numérique sur un beau ruban décoratif.

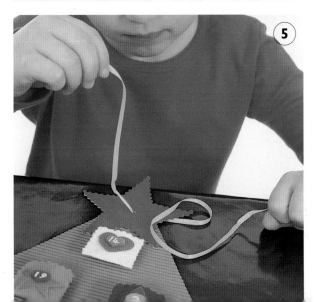

Décorations éblouissantes

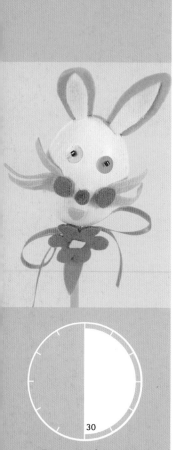

Lapin de Pâques en forme d'œuf

2-6 ans

Ces œufs décorés sont des cadeaux idéaux à offrir aux amis et aux parents le dimanche de Pâques.

30

Temps d'exécution
30 minutes

Vous aurez besoin :

12 gros œufs, si vous utilisez des vrais (en cas d'accident), ou 6 œufs en plastique ou en polystyrène

Grosse épingle

Pinceaux et pots de peinture

Ciseaux

Feutrine

Colle PVA

Perles de verre ou boutons

Paille à boire en plastique

Ruban étroit

I   Pour vider les œufs, servez-vous d'une épingle pour percer les deux bouts de chaque œuf (ceci est une opération délicate qui devrait être exécutée par un adulte ou sous la supervision d'un adulte). À l'aide d'une paille, soufflez à travers le trou au sommet de l'œuf jusqu'à ce que le contenu en soit évacué par la seconde perforation. Rincez bien avec de l'eau froide et laissez sécher.

2   Peignez les œufs et laissez-les sécher. Vous devrez peut-être appliquer plusieurs couches de peinture afin de bien couvrir la surface.

3   Tandis que la peinture sèche, découpez des oreilles, des moustaches, un nez, des yeux et une bouche de lapin dans de la feutrine.

(4)   Lorsque la peinture est bien sèche, collez les oreilles en place, en repliant légèrement la partie inférieure des oreilles de manière à ce qu'elles reposent sur le sommet de l'œuf. Collez les moustaches, les yeux, le nez et la bouche. Laissez sécher.

5   Déposez une petite quantité de colle sur l'extrémité de la paille en plastique et insérez le bout de cette paille à travers le trou à la base de l'œuf. Laissez sécher.

(6)   Pour finir, nouez un ruban autour de la partie supérieure de la paille et ajoutez une fleur en feutrine entre les oreilles ou dans le cou du lapin.

46

(4)

(4)

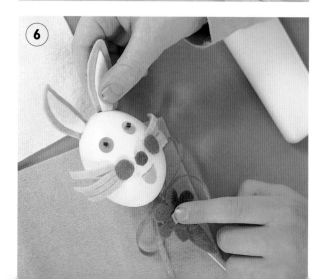

(6)

Variantes

Œufs bijoux

Simples à réaliser, ces œufs bijoux sont un plaisir pour l'œil. Choisissez des paillettes, des perles de verre, tout ce que vous avez sous la main et collez-les sur un œuf peint. Insérez un ruban à travers les trous de l'œuf et faites un nœud à la base de manière à le suspendre.

Œufs à la gelée de fruits (Jell-O)

Si vous le désirez, vous pouvez remplir les œufs de gelée de fruits liquide que vous placerez au réfrigérateur pendant la nuit.

Visages rigolos

Au lieu de peindre les œufs, laissez-les au naturel afin d'imiter la couleur de la peau. Servez-vous de brins de laine ou de paille pour faire les cheveux et collez des boutons, de la feutrine ou des morceaux de cure-pipes pour les traits du visage.

Conseils

★ Il existe des instruments pour évider les œufs que vous pouvez trouver dans les catalogues d'artisanat ; des œufs déjà évidés sont disponibles dans les pépinières.

★ Pour que la peinture adhère mieux à la coquille, mélangez-la avec un peu de détergent à vaisselle.

Guirlande de poussins

4-6 ans

À l'occasion de réunions ou de fêtes, les guirlandes font de merveilleuses décorations pour festonner la table ou orner une fenêtre. Les motifs varient à l'infini, du plus simple au plus complexe, suivant votre humeur du moment. Vous pouvez simplement orner la guirlande de dessins au crayon feutre ou l'agrémenter de formes autocollantes, de laine et de ruban. Entourez une boîte d'une guirlande et fixez-la avec du ruban adhésif pour décorer un cadeau. Découpez l'un des motifs et collez-le sur une carte.

1 Prenez une longue bande de papier jaune, d'une dimension approximative de 70 x 10 cm (28 x 4 po) et pliez-la en accordéon. Vous aurez besoin de six plis pour faire sept poussins, de sept, pour huit poussins et ainsi de suite. Assurez-vous que les plis sont parfaitement alignés.

2 Reproduisez le modèle de la page 243, en prenant soin de placer le bout du bec sur un des plis et la base de la queue sur l'autre. Découpez le poussin en prenant garde de ne pas couper complètement le bout du bec et de la queue.

3 Dépliez la guirlande. Dessinez un œil et une aile sur chaque poussin à l'aide d'un crayon feutre noir et collez une plume sur chacune des queues.

Temps d'exécution
30 minutes

Vous aurez besoin :

Papier jaune

Ciseaux

Colle

Plumes

Crayon feutre noir

Crayon

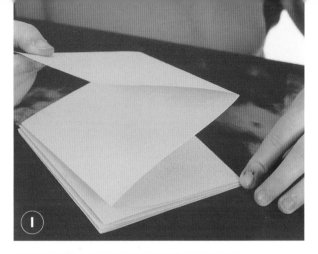

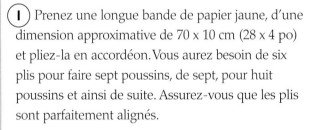

Variantes

Œufs en folie

Enjolivez une simple guirlande d'œufs en les décorant de pois multicolores, de perles de verre, de paillettes et de petits carrés, de croix ou de losanges.

Personnages qui se tiennent par la main

Ce motif (voir le modèle de la page 242) est un peu plus compliqué à découper. Les toutpetits s'amuseront à les décorer, par exemple en collant une coiffe, en découpant des tabliers, des ceinturons et des chaussures dans un napperon de dentelle en papier.

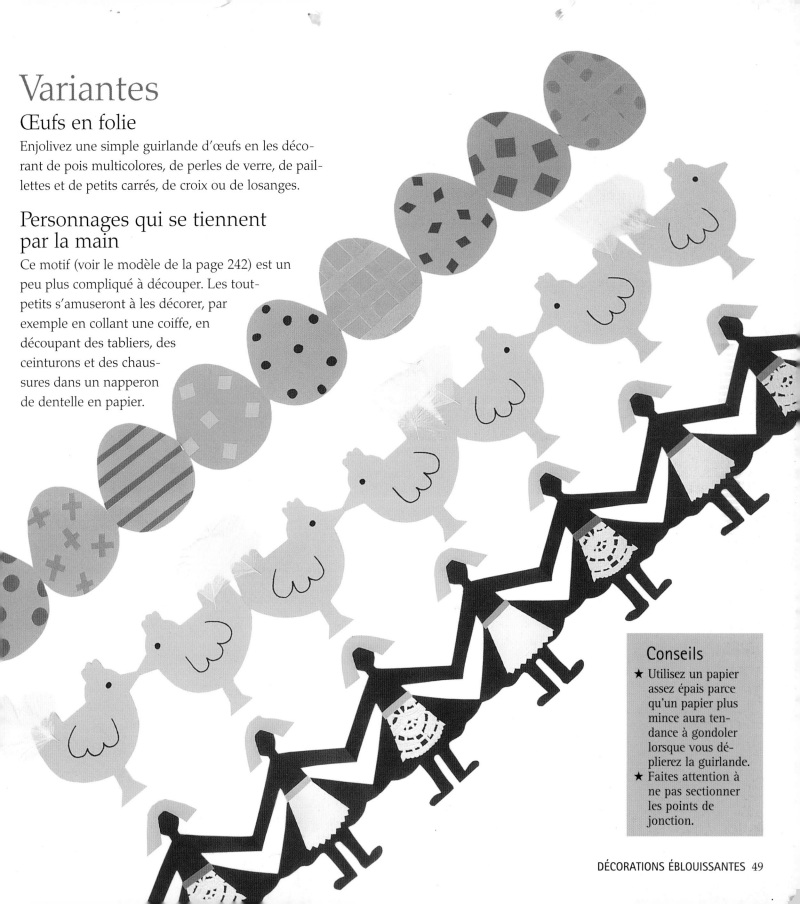

Conseils
★ Utilisez un papier assez épais parce qu'un papier plus mince aura tendance à gondoler lorsque vous déplierez la guirlande.
★ Faites attention à ne pas sectionner les points de jonction.

Jonquilles en papier

6-8 ans

Cette gerbe de jonquilles en papier est un cadeau printanier idéal. Présentez le bouquet emballé dans une feuille de papier de soie vert tendre.

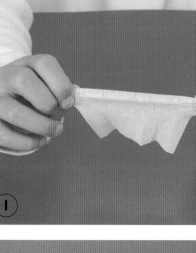

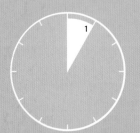

Temps d'exécution
1 heure

Vous aurez besoin :

Règle

Crayon

Ciseaux

Papier crépon jaune

Colle universelle

4 pailles pliables vertes en plastique

Papier vert moyen

Ruban adhésif transparent

Papier de soie vert tendre

Ruban d'organdi

(**1**) Pour faire le calice de chaque fleur, découpez un rectangle de 6 x 4,5 cm (2½ x 1¾ po) dans du papier crépon jaune en coupant les bords plus petits de manière à ce qu'ils soient parallèles au plissé du papier. Étirez délicatement l'un des côtés plus longs avec vos doigts.

(**2**) Collez les côtés plus courts du rectangle ensemble pour former un cornet. Coupez une paille pliable verte à environ 2 cm (¾ po) au-dessus du pli. Déposez une petite quantité de colle au fond du cornet. Insérez la partie supérieure de la paille dans le cornet et pressez la base du cornet autour de la paille.

(**3**) Décalquez le modèle de pétale de la page 247 et reportez-le six fois sur le papier crépon jaune en vous assurant que la flèche soit parallèle au plissé du papier. Découpez les pétales. Collez la base des trois pétales autour du cornet. Collez les autres pétales dans les espaces vides. Laissez sécher, puis ouvrez les pétales. Courbez le haut de la paille « tige » vers l'avant.

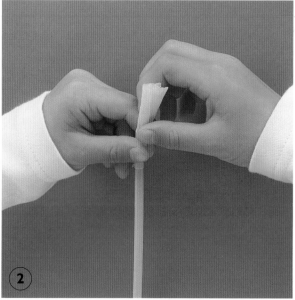

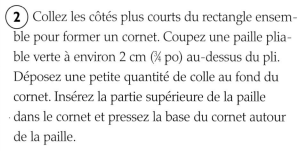

(4) En vous servant du modèle de feuille de la page 247, découpez une feuille dans le papier vert moyen. Pliez la feuille vers le centre de celle-ci et ouvrez-la de nouveau. Pressez délicatement le bout de la feuille entre votre pouce et votre index de manière à le recourber vers l'arrière.

5 Répétez toutes ces étapes pour confectionner quatre jonquilles et quatre feuilles. Regroupez les fleurs et les feuilles ensemble et fixez-les en place avec du ruban adhésif transparent.

6 Enveloppez le bouquet dans du papier de soie vert tendre. Attachez-le avec un ruban d'organdi.

Conseil
★ Élargissez délicatement le calice de la jonquille avec votre pouce pour lui donner un aspect plus naturel.

Variantes

Fleur frangée violet

Coupez un rectangle de 6 x 4 cm (2½ x 1½ po) dans du papier crépon rose. Taillez l'un des côtés longs du rectangle en frange. Collez l'autre côté long autour de l'extrémité d'une paille. Découpez six pétales dans du papier crépon violet et collez-les autour de la paille.

Fleur de cerisier en plume

Collez des plumes jaunes au sommet d'une paille. Découpez six pétales dans du papier crépon rose vif et collez-les autour de la paille.

Fleur frangée en plume

Collez des plumes vertes au sommet d'une paille. Découpez une bande de 45 x 6 cm (18 x 2½ po) dans du papier crépon rose pâle. Faites une frange dans l'un des longs rebords. Collez l'autre long rebord autour du sommet de la paille.

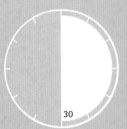

Poules à suspendre

2-6 ans

Ces poules de Pâques sont du plus bel effet lorsqu'on les suspend à une fenêtre ou au rameau d'une plante. Faites-les de dimensions diverses soit en papier ou en vous servant d'œufs en polystyrène. Ces œufs sont parfaits pour les tout-petits, qui auront beaucoup de plaisir à les peindre. Les cure-pipes sont faciles à insérer dans ces œufs pour faire les traits du visage, les pattes et la queue. Décorez-les avec des paillettes, des plumes et des perles de verre.

1 Insérez le bout de la brochette à la base de l'œuf, peignez-le en jaune vif en tenant la brochette. Laissez sécher à la verticale en piquant la brochette dans de la pâte à modeler.

(2) Lorsque la peinture aura séché, coupez des bouts de cure-pipes : deux bouts bleus pour les yeux, orange pour le bec et la crête, brun rayé de noir pour les pattes et la queue. Insérez les yeux, le bec et la crête.

3 Enfilez une perle de verre sur un élastique ou un bout de ficelle et faites un nœud. À l'aide d'une brochette en bois, percez un trou au centre supérieur de l'œuf et déposez un peu de colle dans le trou avant d'y placer la perle de verre.

(4) Insérez les cure-pipes pour faire les pattes et la queue.

Temps d'exécution
30 minutes

Vous aurez besoin :

Œuf en polystyrène

Brochette en bois

Peinture

Pinceau

Ciseaux

Cure-pipes de couleur

Colle

Élastique

Perle de verre

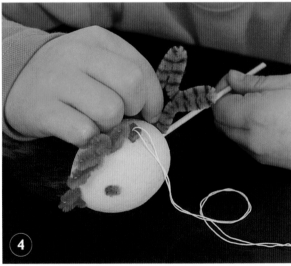

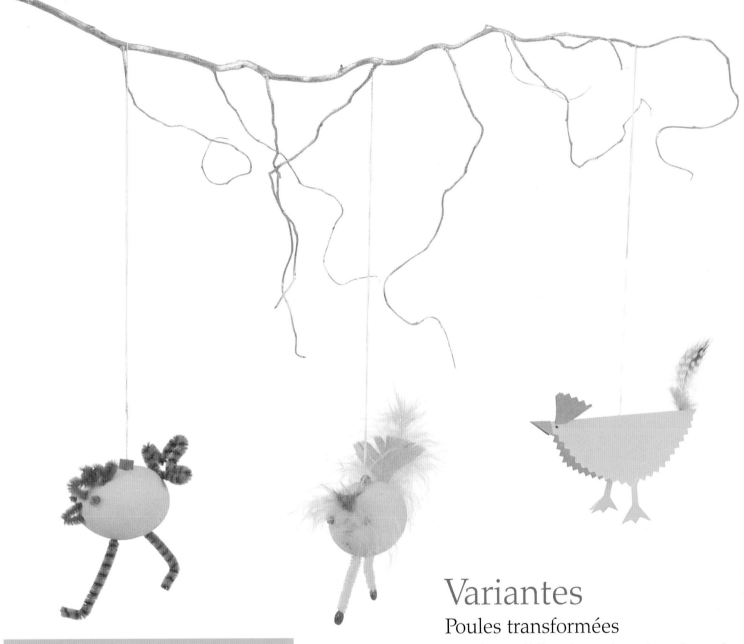

Variantes

Poules transformées

Pour changer l'allure des poules, peignez les œufs en polystyrène de couleurs variées et décorez-les avec des plumes et des paillettes. Suspendez-les à des rameaux pascals.

Poules en papier

Créez votre propre modèle de poule. Décorez-les avec des plumes, des perles de verre en guise de pattes ou coloriez-les tout simplement.

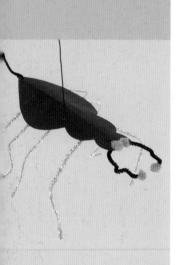

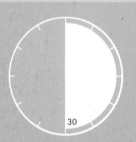

Insecte géant

2-6 ans

Des araignées, des insectes, des fantômes et des globes oculaires suspendus ajoutent beaucoup d'ambiance à une fête d'Halloween. De simples découpes de bestioles et de fantômes n'exigent que peu de savoir-faire. Les globes oculaires prennent un peu plus de temps à confectionner, mais quel que soit le modèle que vous choisirez de réaliser, les enfants de tout âge auront beaucoup de plaisir à le faire.

1 Pliez une feuille de papier noir en deux. En vous servant du modèle de la page 243, tracez au crayon blanc la moitié du contour d'un coléoptère et découpez la forme avec des ciseaux.

2 Disposez quatre cure-pipes argentés sous le corps de la bestiole pour les pattes et un cure-pipe noir sous la tête pour les antennes. Fixez-les à l'aide de ruban adhésif. Percez un petit trou au centre du corps, enfilez-y le fil de coton noir et faites un nœud pour le maintenir en place.

3 Percez un petit trou à l'extrémité arrière du corps et insérez un bout de cure-pipe noir en guise de queue. Recourbez les pattes de manière à ce que le coléoptère puisse s'appuyer sur ses pattes. Collez deux brins de laine orange ou deux perles de verres au bout des antennes et à l'emplacement des yeux.

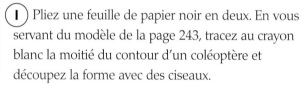

Temps d'exécution 30 minutes

Vous aurez besoin :

Papier noir

Crayon blanc

Ciseaux

Cure-pipes noirs et argentés

Ruban adhésif

Fil de coton noir

Laine orange ou perles de verres pour les yeux

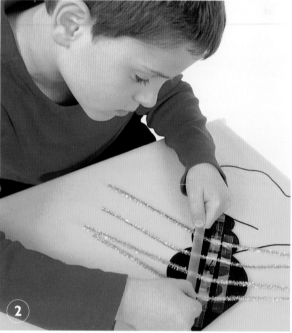

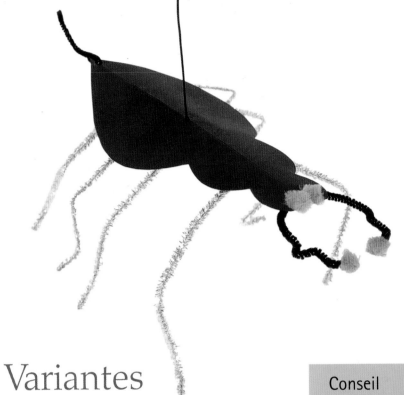

Variantes

Globes oculaires en suspension

Ajoutez une petite touche macabre à votre décor en transformant des boules de polystyrène en globes oculaires sanguinolents. Percez un trou dans la boule de polystyrène et déposez un peu de colle dans le trou avant d'y introduire un bout de ficelle.

Des araignées qui montent et qui montent

Des araignées découpées et montées sur un ruban de part et d'autre d'une fenêtre donneront des frissons dans le dos à tous les passants.

Conseil

★ Les cure-pipes se déclinent dans toutes les couleurs et dimensions et conviennent particulièrement bien à la confection d'insectes répugnants.

Mobile de coquillages

6-7 ans

Un mobile de coquillages dans le jardin est une vision charmante. Attachez des coquillages à des brins de laine de toutes les couleurs que vous suspendrez à un morceau de bois de grève, rapporté du bord de la mer. Le bois de grève saura résister au soleil, au vent et à la pluie. Vous pouvez vous procurer des coquillages déjà percés dans les magasins d'artisanat.

Temps d'exécution
1 heure

Vous aurez besoin :

Laine de couleur

3 coquillages à un trou

12 coquillages
à deux trous

Morceau de bois
de grève

(1) Coupez trois longueurs égales de laine. Enfilez un brin de laine à travers un coquillage à un trou et nouez le brin pour maintenir le coquillage en place.

(2) Faites un gros nœud à environ 2,5 cm (1 po) au-dessus du coquillage. Enfilez un coquillage à deux trous et faites un gros nœud au-dessus du coquillage.

3 Enfilez trois autres coquillages à deux trous en faisant de gros nœuds de chaque côté de chacun des coquillages. Attachez le chapelet de coquillages au milieu du bois de grève.

4 Faites deux autres chapelets de coquillages en procédant de la même manière et suspendez-les de part et d'autre du premier chapelet de coquillages.

Variante
Coquillages encadrés
Collez des coquillages sur un carton jaune. Installez le carton dans un boîtier suffisamment profond.

5 Nouez trois nouveaux brins de laine à une distance de 10 cm (4 po). Tressez-les jusqu'à ce que la tresse atteigne une longueur de 21 cm (8½ po). Faites un nœud. Attachez les extrémités de la tresse à chaque bout du bois de grève afin de le suspendre. Coupez les bouts de laine qui dépassent.

Conseil
★ Vous pouvez peindre les coquillages si vous le souhaitez.

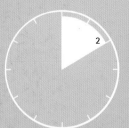

**Temps d'exécution
2 heures**

Vous aurez besoin :

6 baguettes chinoises

Peinture acrylique bleue, turquoise, violette et lilas

Pinceau de taille moyenne

Pâte à modeler

Galon étroit

Ciseaux

Colle PVA

Grosse aiguille

Couvercle en plastique

Carillon éolien fait avec des baguettes chinoises

6-7 ans

Laissez le vent caresser ce carillon éolien décoré de larges rayures en le suspendant dans le jardin ou à l'intérieur, près d'une fenêtre ouverte.

(1) Peignez six baguettes en utilisant des teintes de bleu, turquoise, violet et lilas. Lavez et asséchez le pinceau avant de changer de couleur. Piquez les baguettes dans de la pâte à modeler pour les faire sécher.

(2) Coupez six longueurs égales de galon étroit. Attachez une longueur autour de la partie supérieure de chaque baguette. Fixez-la en place avec de la colle.

3 En vous servant d'une grosse aiguille, percez six trous autour du rebord du couvercle en plastique (l'aide d'un adulte serait souhaitable à cette étape-ci).

(4) Enfilez le galon de l'une des baguettes à travers un trou. Nouez le galon au-dessus du couvercle. Répétez la même opération avec les cinq baguettes restantes et assurez-vous qu'elles pendent bien au même niveau.

5 Percez un trou au centre du couvercle à l'aide de l'aiguille. Pour suspendre le carillon éolien, enfilez une autre longueur de galon à travers le trou et faites un nœud en dessous du couvercle.

(1)

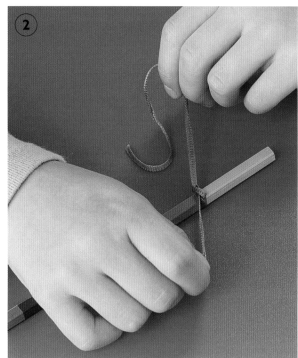

(2)

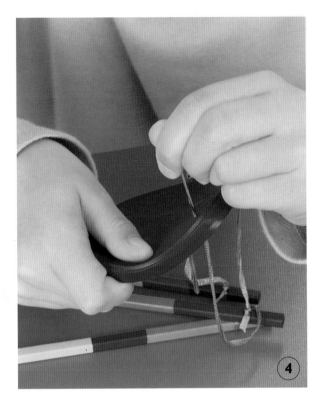

④

Variante

Mobile de perles

Coupez six longueurs égales de ruban. Enfilez
une perle au centre de chaque longueur. Prenez
chacun des bouts du ruban et enfilez des perles
multicolores (choisissez les couleurs au hasard).
Percez six trous autour du rebord d'un couvercle
en plastique, passez les deux bouts du même
ruban à travers un trou et nouez. Suspendez
le mobile par un ruban passé à travers un trou
que vous aurez percé au centre du couvercle.

Conseil

★ Appliquez une petite goutte de
  colle sur les nœuds pour les
  tenir en place.

Citrouilles sculptées

5-6 ans

La fête de l'Halloween ne serait pas complète sans une grosse citrouille aux yeux et à la bouche découpés dans laquelle on aurait allumé une bougie. Recherchez les plus petites variétés de courges : elles sont faciles à découper et font de très jolies lanternes d'Halloween.

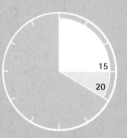

Temps d'exécution
15–20 minutes
(selon la dimension
de la citrouille)

Vous aurez besoin :

Citrouille

Couteau (ou un couteau
à lame escamotable)

Cuillère

Crayon feutre noir

Brindilles

(1) Coupez le sommet d'une citrouille et retirez-en la pulpe avec une cuillère. Enlevez le plus de chair possible sur les côtés, la citrouille se découpera plus facilement.

(2) À l'aide d'un crayon feutre noir, dessinez un visage de monstre sur la citrouille. Découpez les traits avec un couteau (ou un couteau à lame escamotable).

(3) Faites des petits trous dans la calotte de la citrouille et piquez-y des brindilles pour faire les cheveux.

MISE EN GARDE !

Soyez très prudents avec les bougies allumées. Ne les laissez pas brûler sans surveillance et rappelez-vous qu'il ne faut pas installer la calotte sur la citrouille lorsqu'une bougie est allumée à l'intérieur. La citrouille va commencer à cuire, puis à brûler.

Variantes

Diverses couleurs

Vous pouvez découper de simples trous dans des courges et des calebasses de diverses grosseurs et couleurs à l'aide d'un vide-pomme ou d'une brochette.

Diverses formes

Dessinez le contour d'une étoile ou d'une fleur sur une citrouille avec un crayon feutre noir et découpez-les avec un couteau à lame escamotable.

Conseil
★ Conservez les graines de citrouille pour les faire rôtir et les manger.

Bonbonnières en forme d'arbre

2-6 ans

Ces petits arbres aux couleurs vives sont des cadeaux idéaux à offrir au gré des saisons pour célébrer la fête de la moisson ou celle de l'Action de grâce. La base contient des bonbons et le cône, simple comme bonjour à confectionner, est décoré selon le thème choisi.

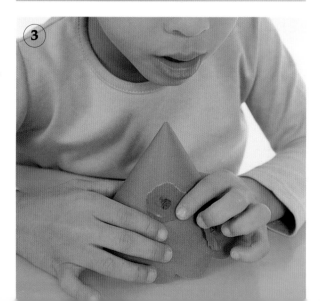

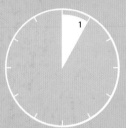

Temps d'exécution 1 heure

Vous aurez besoin :

Tube en carton d'une longueur d'environ 10 cm (4 po)

Pots de gouache et pinceaux

Papier vert

Crayon

Assiette

Ciseaux

Agrafeuse (ou du ruban adhésif)

Papier de soie de couleurs variées

Bâtonnet de colle

Bonbons (ou des petites friandises)

(**1**) Peignez en vert un tube de carton puis, lorsque la peinture est bien sèche, peignez des rayures brunes. En vous servant d'une assiette, tracez un demi-cercle sur le papier vert. Découpez en feston la bordure du cercle.

(**2**) Faites un cône avec le demi-cercle festonné en vous assurant que le sommet est bien pointu. À l'aide d'une agrafeuse ou de ruban adhésif, assemblez les côtés du papier.

(**3**) Découpez de petits cercles dans plusieurs épaisseurs de papier de soie. Froissez du papier de soie de couleurs contrastées en petites boules et collez-les au milieu des petits cercles pour en faire des fleurs. Collez les fleurs sur le cône.

4 Enfoncez un morceau de papier de soie froissé dans le tube pour le sceller. Remplissez le tube de bonbons. Installez le cône sur le tube.

Variantes

Sapins de Noël

Faites des sapins de Noël en vous servant de papier argenté que vous décorerez de paillettes blanches et de gel brillant ou apposez des flocons de neige en papier blanc sur un cône de papier rouge.

Arbre fantaisie

Créez un drôle d'arbre avec un rebord dentelé, décoré de paillettes, de papier déchiqueté, de tulle et de tout ce que vous avez sous la main !

Arbre d'automne

Découpez des feuilles en utilisant des papiers aux couleurs automnales et collez-les sur un cône de papier brun. Idéal pour souligner la venue de l'automne.

Conseils

★ L'allure des cônes se transforme à volonté ; prenez le temps de jouer avec le papier jusqu'à ce que vous obteniez une forme qui vous intéresse.

★ Collez le cône à la partie supérieure du tube pour que l'ensemble soit plus solide.

★ Remplissez la base avec des bonbons, puis scellez la base avec un bout de papier de soie.

Feuilles et lanternes séchées

2-6 ans

Célébrez le changement de saison en confectionnant des décorations de feuilles et de fleurs séchées. Peignez-les avant de les installer autour d'un joli verre garni d'un anneau de perles en plastique et placez ces jolis verres bien à la vue dans votre maison.

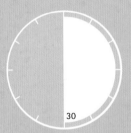

**Temps d'exécution
30 minutes**
(plus 2 semaines pour faire sécher
les feuilles et les lanternes)

Vous aurez besoin :

Feuilles séchées

Papier journal

Livres lourds

Lanternes chinoises
  (*Physalis*) séchées

Gouache

Perles de verre

Fil de fer

(**1**) Ramassez de belles feuilles d'automne. Installez-les à plat entre huit feuilles de papier (le papier journal convient bien) et placez un gros livre par-dessus. Laissez sécher dans un endroit sec et chaud pendant deux semaines. Laissez les lanternes chinoises sécher naturellement dans un vase.

(**2**) Peignez les feuilles séchées en choisissant des couleurs automnales. Détachez délicatement les lanternes chinoises de leurs tiges lorsqu'elles seront sèches.

(**3**) Enfilez les feuilles, les perles et les lanternes chinoises sur un fil de fer et suspendez-les.

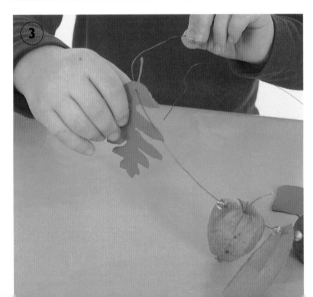

Variantes

Décorations suspendues

Enfilez une feuille peinte et une perle sur un
court fil de fer et tortillez-le de manière à
former une boucle fermée.

Chandelier

Décorez un chandelier avec des feuilles peintes
et un chapelet de perles montées sur un fil de fer.

Conseil

★ Choisissez des feuilles à sécher
  aux couleurs éclatantes, ainsi
  vous n'aurez pas besoin de les
  peindre.

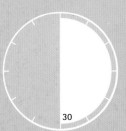

Poupée de paille

5-6 ans

Temps d'exécution 30 minutes

30

Vous aurez besoin :

Tiges de graminées
séchées (paille)

Fil de fer

Ciseaux

Laine rouge

Colle

Dentelle

Ruban

Tissu

Perles

Épis de graminées
séchées

Ces poupées de paille sont confectionnées à partir de tiges et d'épis de graminées. Elles font de très jolies décorations pour la maison, et les petits tout comme les grands auront beaucoup de plaisir à les fabriquer. Les plus petits pourront aider à les attacher avec un beau ruban pour les offrir à leur moniteur ou à un ami.

I Prenez un petit paquet de paille d'une longueur approximative de 15 cm (6 po). En commençant à quelques centimètres du sommet, entortillez du fil de fer autour du paquet pour souligner la tête.

2 Juste en dessous du fil de fer, isolez quelques brins de paille de chaque côté pour faire les bras. Taillez ces brins de paille à une longueur convenable et entourez-les aux poignets d'un petit fil de fer. Recouvrez le fil de fer de brins de laine rouge et faites un nœud.

3 Habillez la poupée en collant de la dentelle et du ruban sur un petit rectangle de tissu. Ajustez bien la robe autour de la poupée et fixez-la à l'arrière avec de la colle.

4 Collez deux petites perles foncées à l'emplacement des yeux et installez des épis de graminées dans le bandeau de laine qui entoure la tête de la poupée.

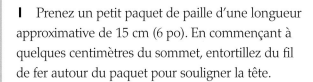

Variantes

Poupée garçon

Faites une poupée garçon de la même manière sauf que vous séparerez les brins de paille en deux pour faire les jambes. Habillez-le d'un costume masculin en utilisant des petites retailles de tissu et de ruban.

Bouquet de graminées

Attachez simplement des tiges ensemble, taillez les bouts et décorez le bouquet avec du tissu et du ruban. Cette décoration peut servir de centre de table pour agrémenter un repas de fête.

Tresse de maïs

Fixez l'extrémité d'un bouquet de graminées à la table à l'aide de ruban adhésif. Divisez les brins en trois, tressez-les et donnez à la tresse la forme d'un cercle. Attachez le cercle avec du ruban et insérez quelques épis pour décorer ; voilà, c'est simple comme bonjour.

Cœur en paille

Prenez deux petits paquets de paille de même longueur et tressez-les. Courbez les deux tresses de manière à former un cœur. À l'aide d'un fil de fer, réunissez les deux tresses ensemble. Décorez avec du ruban et une mini-clochette.

Conseils

★ Lorsque vous achetez des graminées séchées, assurez-vous que le lot n'est pas trop sec car les brindilles auront tendance à se casser.

★ Même les plus petites retailles de tissu peuvent servir à ornementer les poupées.

Papillon en pâte à sel

4-6 ans

La pâte à sel est facile à faire et constitue une matière passionnante pour les enfants. Créez des décorations éclatantes de couleurs pour la table ou pour offrir aux amis.

1 Mélangez de la farine et du sel dans un bol, ajoutez progressivement de l'eau jusqu'à ce que la pâte soit ferme. Pétrissez la pâte pendant environ dix minutes et laissez-la reposer pendant 40 minutes à la température de la pièce.

(2) À l'aide d'un rouleau à pâtisserie, abaissez la pâte déposée sur une planche de travail jusqu'à ce qu'elle atteigne une épaisseur de 5 mm (¼ po). Ajoutez un peu de farine si la pâte ou le rouleau à pâtisserie deviennent trop collants.

3 Découpez la forme d'un papillon avec un emporte-pièce (ou en découpant un modèle de papillon dans un carton). Servez-vous d'un bâtonnet à cocktail pour le décorer de petits trous. Faites un trou à la base du papillon pour y insérer le bâtonnet une fois que la pièce sera cuite.

4 Déposez le papillon sur le papier parchemin qui recouvre la plaque à pâtisserie. Réglez le four à une température de 120 °C/250 °F et faites cuire pendant environ six heures, jusqu'à ce que la pièce soit ferme et semble complètement sèche.

(5) Laissez refroidir le papillon - qui devrait être dur comme de la roche - puis ajoutez un peu de colle au bâtonnet à cocktail avant de l'insérer dans le trou. Peignez le papillon avec de la gouache jaune et ajoutez d'autres touches de couleur pour compléter le tout.

**Temps d'exécution
1-2 heures**
(plus 6 heures de cuisson)

Vous aurez besoin :

Bol à mélanger

Cuillère

2 tasses de farine

1 tasse de sel

1 tasse d'eau tiède

Rouleau à pâtisserie

Planche de travail emporte-pièce (ou un modèle de papillon en carton)

Bâtonnet à cocktail

Plaque à pâtisserie

Papier parchemin

Colle

Gouache (jaune et autres couleurs)

Pinceau

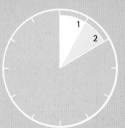

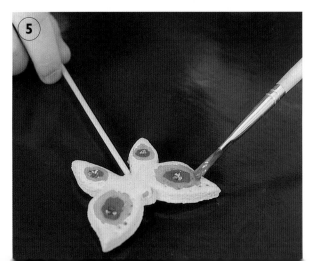

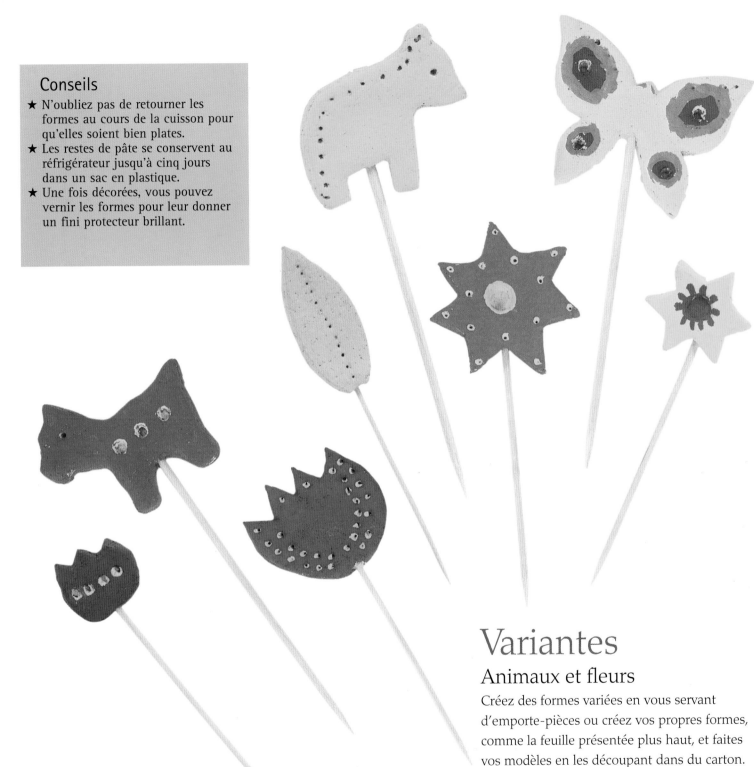

Variantes

Animaux et fleurs

Créez des formes variées en vous servant d'emporte-pièces ou créez vos propres formes, comme la feuille présentée plus haut, et faites vos modèles en les découpant dans du carton. Décorez-les en les peignant de couleurs vives.

Sapin surprise

2-6 ans

Ces petites pochettes font de merveil-leuses décorations pour le sapin de Noël et constituent des cadeaux appréciés des petits et des grands. Emballez un petit présent dans du papier de soie et glissez-le à l'intérieur de la pochette en forme de sapin ou garnissez-la de bonbons ou de chocolats.

(**1**) Découpez deux formes identiques de sapin de Noël dans de la feutrine verte.

(**2**) Placez l'une des pièces de feutrine sur l'autre et collez un cure-pipe orange à la cime de l'arbre en l'insérant entre les deux épaisseurs de feutrine. Continuez à coller les rebords du sapin en les pressant l'un sur l'autre. Laissez sécher.

(**3**) Collez des paillettes, des perles de verre et des formes amusantes sur le sapin. Collez une étoile ou un pompon au sommet. Laissez sécher la colle.

(**4**) Insérez un bout de cure-pipe ou de laine à tra-vers les trous des perles de verre. Ajoutez un peu de colle pour les maintenir en place.

(**5**) Taillez une fente à l'arrière de l'arbre pour y insérer la surprise.

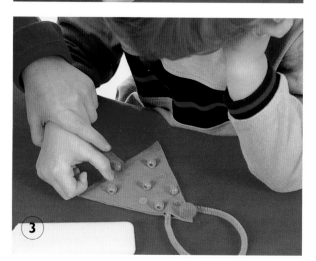

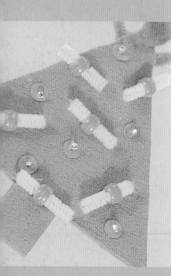

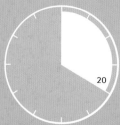

**Temps d'exécution
20 minutes**

Vous aurez besoin :

Ciseaux universels
ou à cranter

Feutrine verte

Cure-pipes de diverses
couleurs

Paillettes

Perles de verre

Colle PVA

Pompon

Variantes

Tout ce qui brille

Si vous voulez réaliser une pochette surprise qui se démarque, servez-vous de guirlandes et de paillettes scintillantes pour décorer un renne en vous guidant sur le modèle de la page 238.

Cœurs et étoiles

Vous pouvez découper une foule de formes de diverses couleurs au gré des fêtes à célébrer en vous servant des modèles des pages 238-239.

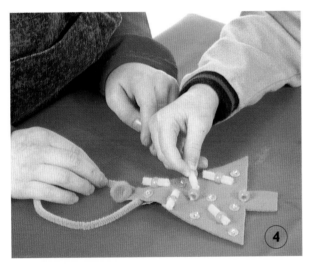

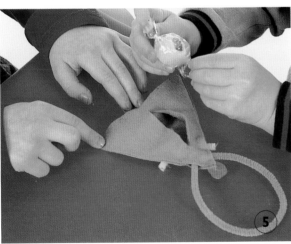

Conseil
★ Ne mettez pas trop de colle, car elle pourrait s'écouler et abîmer la feutrine.

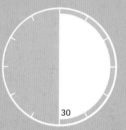

Vous aurez besoin :

Feutrine de couleur turquoise et rose

Crayon

Ciseaux à cranter

Colle

Tulle de couleurs variées

Pompons de couleurs variées

Cordon ou ruban (pour la bride)

Bordure de pompons

Bas de Noël

5-6 ans

Noël sans un bas pour les enfants n'est pas tout à fait Noël. Les bas aux décorations originales que nous vous présentons ici peuvent être confectionnés avec l'aide d'un adulte, mais les ornementations devraient être laissées entièrement aux enfants. La feutrine et le tulle sont des matériaux suffisamment solides pour que les bas de Noël durent plusieurs saisons.

(**1**) Tracez le contour d'un bas sur une double épaisseur de feutrine en vous servant du modèle de la page 239. Découpez les deux contours avec des ciseaux à cranter.

(**2**) Appliquez de la colle sur les pourtours des deux bas, sauf dans le haut. Pressez les pourtours des deux bas l'un contre l'autre. Tandis que la colle sèche, faites un nœud dans plusieurs petits rectangles de tulle de diverses couleurs de manière à en faire des boucles.

(**3**) Collez les boucles et les pompons uniformément sur le bas. Découpez et fixez une bride dans le haut du bas que vous aurez garni d'une lisière de feutrine d'une couleur contrastante. Collez, au bas de cette lisière, une bordure de pompons.

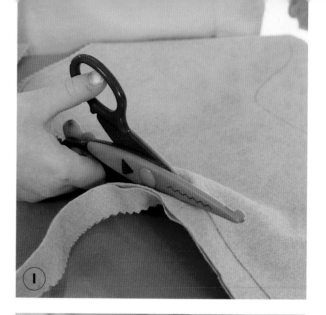

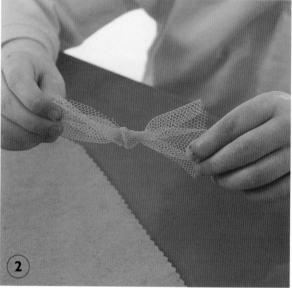

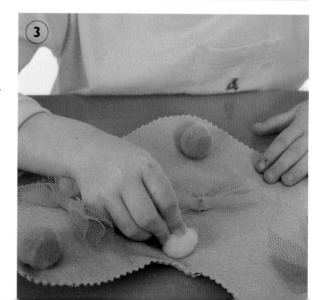

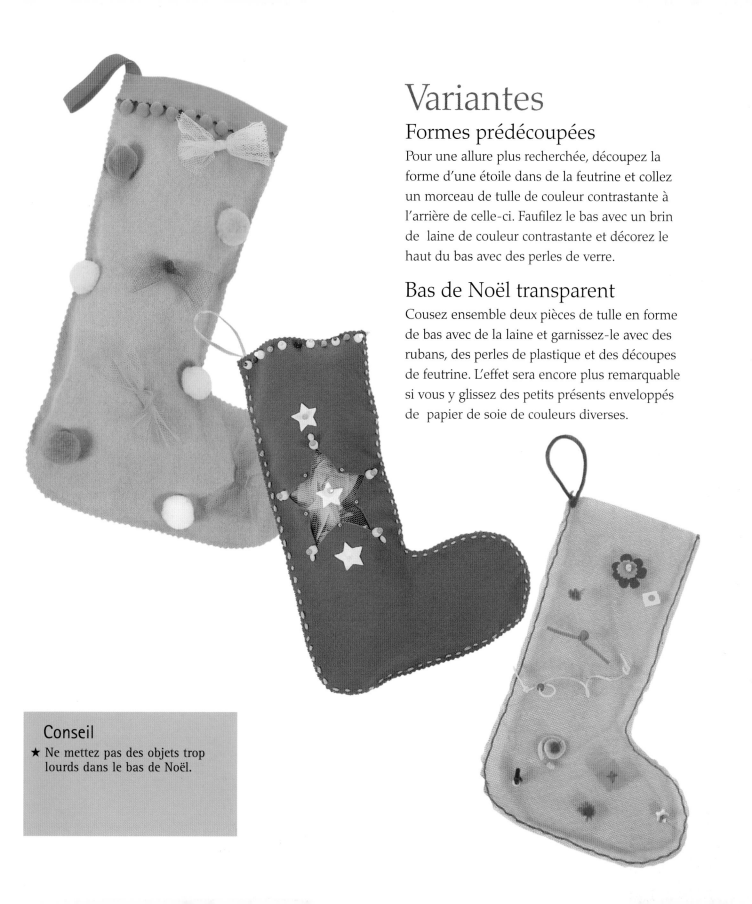

Variantes

Formes prédécoupées

Pour une allure plus recherchée, découpez la forme d'une étoile dans de la feutrine et collez un morceau de tulle de couleur contrastante à l'arrière de celle-ci. Faufilez le bas avec un brin de laine de couleur contrastante et décorez le haut du bas avec des perles de verre.

Bas de Noël transparent

Cousez ensemble deux pièces de tulle en forme de bas avec de la laine et garnissez-le avec des rubans, des perles de plastique et des découpes de feutrine. L'effet sera encore plus remarquable si vous y glissez des petits présents enveloppés de papier de soie de couleurs diverses.

Conseil

★ Ne mettez pas des objets trop lourds dans le bas de Noël.

Fleurs en folie

4-6 ans

Cet assortiment de fleurs de toutes les couleurs convient particulièrement à la Fête des mères et à la Fête des pères, et leur confection saura captiver les enfants de tout âge. Les fleurs en papier sont faciles à faire et s'assemblent rapidement. On les colle à une paille avec une feuille faite en papier pour agrémenter un cadeau ou on les place en bouquet dans un pot pour en faire un cadeau en soi.

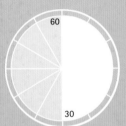

**Temps d'exécution
30-60 minutes**

Vous aurez besoin :

Papier jaune et vert

Crayon

Ciseaux

Poinçonneuse

Paille

Bâtonnet de colle

Papier de soie violet

Ruban

1 Dessinez une forme de feuille sur du papier vert (pliez le papier plusieurs fois pour faire plusieurs feuilles en même temps). Découpez la feuille. Percez un trou au centre de la feuille et enfilez-la sur une paille. Fixez la feuille à la paille à l'aide de colle.

2 Découpez une fleur dans trois épaisseurs de papier de soie violet et percez un trou au centre. Découpez un petit rectangle de papier jaune pour faire le centre de la fleur.

3 Enfilez les trois épaisseurs en forme de fleur sur le bout de la paille. Déposez un peu de colle sur le centre jaune et fixez-le au sommet de la paille.

4 Nouez un ruban autour de la paille et servez-vous de cette fleur pour garnir un emballage ou déposez-la dans un vase avec d'autres fleurs en papier.

Variantes

Cartes florales

Les fleurs en papier collées sur une carte ou à l'intérieur de celle-ci rehaussent l'apparence de la carte tout en étant simple à faire.

Pots de fleurs

Vous pouvez récupérer des contenants de yogourt ou des tasses en plastique pour en faire des pots de fleurs. Vous n'avez qu'à les peindre ou à les recouvrir de papier et y déposer une gerbe de fleurs en papier.

Conseils

★ Taillez plusieurs épaisseurs de papier de soie ou de papier crépon à la fois et festonnez-en la bordure.

★ Vous devrez peut-être ajouter un peu de colle lorsque vous enfilerez les feuilles et les fleurs sur la paille pour les maintenir en place. Rappelez-vous toutefois que la colle PVA a tendance à désagréger le papier de soie.

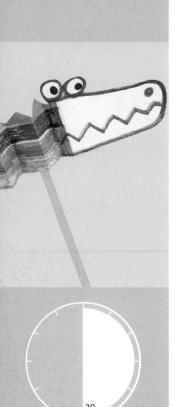

Crocodile accordéon

2-6 ans

Les décorations en accordéon fixées à des bâtonnets de bois sont des objets qui plairont aux enfants de tout âge. Ce sont simplement des bandes de papier multicolores, en forme de créature, repliées de façon à former un accordéon et auxquelles on a fixé deux bâtonnets de bois. L'ajout de rubans leur donne vraiment un air de fête. Placez-les dans un contenant ou servez-vous-en comme étendards à la prochaine fête populaire.

I Tracez le contour d'un crocodile, soit une forme allongée avec des yeux globuleux à un bout et une queue effilée à l'autre bout. Dessinez le haut du corps en dents-de-scie. Découpez la forme du crocodile.

(2) Dessinez les yeux, la gueule et les naseaux avec un marqueur. Faites de larges rayures de diverses couleurs le long du corps en vous servant de crayons feutres.

(3) En prenant soin de conserver la tête et la queue bien à plat, repliez le corps en accordéon.

(4) Fixez deux bâtonnets de bois à l'envers du crocodile, près des extrémités.

Temps d'exécution
30 minutes

30

Vous aurez besoin :

Papier

Crayon

Ciseaux

Marqueur

Crayons feutres

Bâtonnets de bois

Ruban adhésif

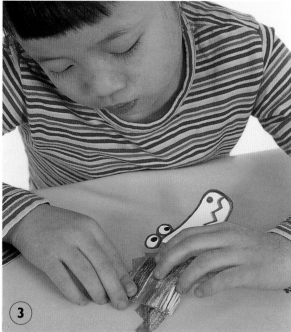

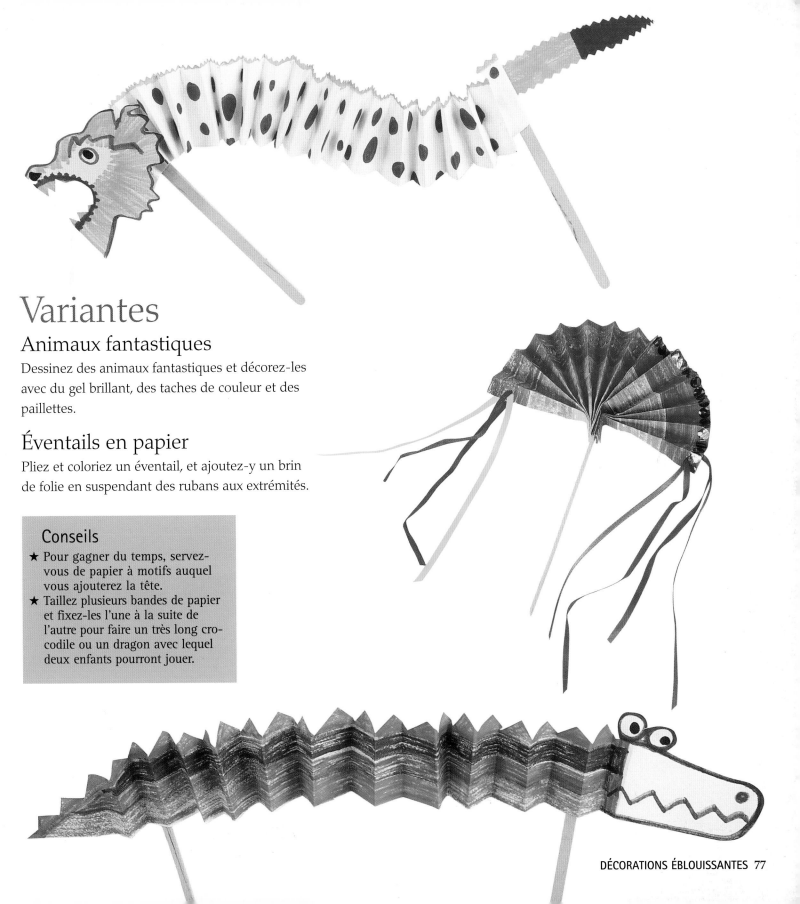

Variantes

Animaux fantastiques

Dessinez des animaux fantastiques et décorez-les avec du gel brillant, des taches de couleur et des paillettes.

Éventails en papier

Pliez et coloriez un éventail, et ajoutez-y un brin de folie en suspendant des rubans aux extrémités.

Conseils

★ Pour gagner du temps, servez-vous de papier à motifs auquel vous ajouterez la tête.

★ Taillez plusieurs bandes de papier et fixez-les l'une à la suite de l'autre pour faire un très long cro-codile ou un dragon avec lequel deux enfants pourront jouer.

Écran floral

7-8 ans

Ce magnifique rideau de pétales fixé au cadre d'une fenêtre ou d'une porte provoquera bien des commentaires admiratifs. Les longues « perles » qui séparent chaque fleur sont des tronçons de paille à boire. Vous pouvez y ajouter aussi des perles de verre. Procurez-vous des fleurs de soie chez le fleuriste ou dans les magasins à bon marché.

1 Coupez le fil de manière à obtenir le double de la longueur de l'écran floral désiré en y ajoutant 40 cm (16 po) de plus. Vous aurez besoin de l'aide d'un adulte. Glissez le fil à travers une perle en vous assurant que celle-ci repose au milieu du fil.

2 Pliez le fil de fer en deux et tortillez les extrémités ensemble de manière à en faire une « aiguille ». Passez les deux bouts du fil à travers l'aiguille.

3 Coupez des pailles en tronçons de 5 cm (2 po). Enfilez un tronçon sur le fil.

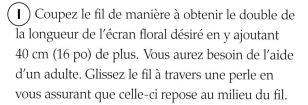

4 Défaites des fleurs en soie de façon à obtenir plusieurs corolles. Chaque corolle doit être pourvue d'un trou au centre. Enfilez deux corolles à la fois sur le fil.

5 Enfilez une perle, puis continuez avec les tronçons de paille, les fleurs et les perles jusqu'à ce que le fil soit bien garni. Assurez-vous toutefois de garder une portion du fil dénudée dans le haut afin de le nouer autour de la latte de bois.

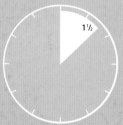

Temps d'exécution
1 ½ heure

Vous aurez besoin :

Règle

Ciseaux

Fil à coudre solide

Perles de plastique de couleurs variées

Fil de fer de 15 cm (6 po)

Pailles à boire en plastique

Latte de bois

Peinture acrylique pour ajouter des touches de couleur aux fleurs

Large pinceau

6 Répétez les étapes précédentes et faites autant de fils de fleurs que vous le désirez.

7 Peignez la latte de bois d'une couleur qui s'harmonise à celle des fleurs et laissez sécher.

8 Nouez les fils de fleurs à une distance égale l'un de l'autre sur la latte de bois. Pour suspendre l'écran floral, vissez la latte au cadre de la fenêtre ou fixez-la à deux crochets vissés de part et d'autre de la fenêtre.

Conseil
★ Collez les fils de fleurs à l'endos de la latte pour les maintenir en place.

Variante
Mobile de fleurs

Faites des fils de fleurs tel qu'indiqué précédemment, puis attachez-les au bout de deux tiges de fer que vous aurez tortillées au centre pour en faire une croix. Attachez un fil solide au centre des tiges de fer en y enfilant un pétale ou deux et suspendez le mobile.

Fanions peints

2-6 ans

Les fanions, les chaînes et les décorations suspendues en papier ajoutent à l'esprit festif de n'importe quel carnaval. Une fois que le papier a été décoré, vous pouvez le découper en une foule de formes et de dimensions, et ce papier sera beaucoup plus attrayant qu'un papier acheté. Comme cette activité est extrêmement salissante, prévoyez vous installer à l'extérieur par une belle journée d'été.

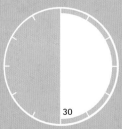

**Temps d'exécution
30 minutes**

Vous aurez besoin :

Papier de toutes
   les couleurs

Gouache de toutes
   les couleurs

Pinceaux

Règle

Carton pour y découper
   les modèles

Crayon

Ciseaux

Colle

Ficelle

(**1**) Étendez du papier journal sur le sol pour limiter les dégâts. Assurez-vous de bien mélanger la gouache dans le pot pour qu'elle soit de la consistance appropriée. Trempez votre pinceau dans le pot de gouache et tracez de grands traits sur divers papiers de couleur. Nettoyez le pinceau (ou utilisez-en un autre) et changez de couleur. Laissez sécher.

(**2**) À l'aide d'une règle, tracez le contour d'un grand triangle sur un carton et découpez-le. Ce triangle vous servira de modèle pour tailler des fanions dans les papiers que vous venez de peindre. Découpez plusieurs fanions.

(**3**) Appliquez de la colle sur l'un des rebords du fanion, déposez la ficelle et repliez le rebord de manière à recouvrir celle-ci. Pressez avec votre doigt pour le maintenir en place. Répétez l'opération avec les autres fanions. Une fois que la colle est sèche, attachez la guirlande de fanions à un endroit où il y a un peu de vent.

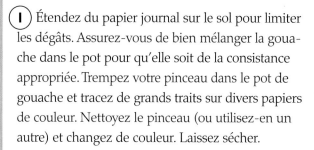

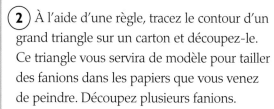

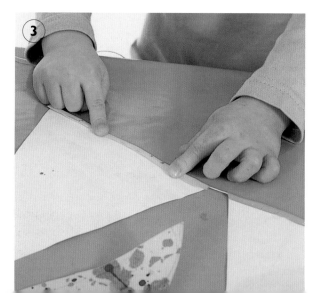

Variantes

Guirlande en forme de chaîne

L'avantage de ces chaînes en papier, c'est que plusieurs enfants peuvent les confectionner justement à la chaîne. Assemblez tous les maillons pour en faire une longue guirlande.

Drapeaux frangés

Découpez le papier peint en plusieurs petits rectangles frangés pour en faire une guirlande qui change des guirlandes plus traditionnelles.

Fête au jardin

Suspendez des fleurs décorées et des feuilles sur une ficelle.

Conseils

★ Variez l'épaisseur de la peinture sur le papier pour y ajouter de la texture et du relief.
★ Peignez à la fois plusieurs feuilles de couleur différente et faites de nouvelles expériences.

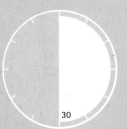

30

**Temps d'exécution
30 minutes**

Vous aurez besoin :

Assiette

Crayon

Carton ou papier épais

Ciseaux

Agrafeuse
(ou du ruban adhésif)

Papier noir (ou de la
peinture noire)

Colle

Yeux qui bougent

Pompon rouge

Petit renne
au nez rouge

2-6 ans

Les décorations en forme de cône se
façonnent en quelques minutes seulement et se transforment en une foule
de personnages ; toute la famille pren-
dra plaisir à les fabriquer. Offrez-les aux
amis, faites-en des centres de table ou
suspendez-les au sapin de Noël. Utilisez
des formes prédécoupées, des brillants,
des bouts de papier, de plumes et de
tissus pour les décorer.

(I) Tracez un demi-cercle sur un morceau de carton en vous servant du modèle de la page 238 ou
servez-vous d'une assiette. Découpez-le avec soin.

2 Faites un cône avec le demi-cercle et fixez les
bords à l'aide d'une agrafeuse ou de ruban adhésif.

(3) Découpez les bois du renne dans du papier noir
(ou utilisez de la peinture noire). Collez-les à l'arrière du cône de part et d'autre du sommet.

(4) Collez les yeux en place.

(5) Collez un pompon rouge en guise de nez.
Laissez sécher.

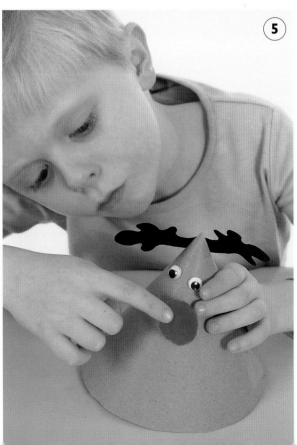

(4)

(5)

Variantes

Père Noël

Servez-vous de papier ou de carton rouge et blanc pour confectionner un père Noël.

Pingouin

Collez des yeux en pompon, un bec et des pattes en mousse. Découpez des ailes dans du papier noir et ajoutez une boucle de ruban à l'arrière pour le suspendre.

Décoration de Noël

Une fée ou un Roi mage fait main trônant au sommet du sapin fera bien meilleure figure qu'une décoration commerciale. Collez de la voilette dorée autour du cône et ajoutez une baguette magique ou une couronne selon le personnage choisi.

Conseil

★ Si vous vous servez de mousse ou de papier autocollant prédé-coupé, vous n'aurez pas besoin de colle.

Bonhomme de neige

4-6 ans

Ces bonshommes de neige scintillants, faits de pâte à modeler qui durcit à l'air libre, sont des cadeaux appréciés de tous. Vous pouvez les garder plusieurs années comme décorations pour le sapin ou pour la table (attachez-les avec un ruban à une serviette de table). Une fois que les formes seront sèches, demandez aux enfants de les décorer.

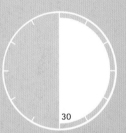

30

**Temps d'exécution
30 minutes**
(plus une nuit à sécher)

Vous aurez besoin :

Pâte à modeler durcissant à l'air

Plaque à pâtisserie

Rouleau à pâtisserie

Emporte-pièce en forme de bonhomme de neige (ou un modèle en carton)

Gouache blanche

Brillants argentés et rouges

Colle

Crayons feutres

Perle

Ruban rouge

1 Déposez de la pâte à modeler sur une plaque à pâtisserie et abaissez la pâte jusqu'à ce qu'elle atteigne une épaisseur de 3 mm (⅛ po). Aspergez d'un peu d'eau pour garder la pâte bien lisse et à plat. Si vous avez un emporte-pièce en forme de bonhomme de neige, servez-vous-en, sinon utilisez un modèle en carton. Faites un petit trou dans le chapeau pour y attacher un ruban.

2 Laissez sécher les formes pendant toute la nuit en les retournant pour qu'elles ne gondolent pas.

3 Si la pâte à modeler n'est pas blanche, peignez les formes avec de la gouache blanche. Laissez sécher puis ajoutez de la colle sur le chapeau et saupoudrez-la de brillants argentés. Dessinez avec soin les traits du visage et le foulard.

4 Servez-vous des brillants rouges pour le foulard et collez une perle en guise de nez. Passez un ruban à travers le trou du chapeau et nouez-le pour en faire une boucle.

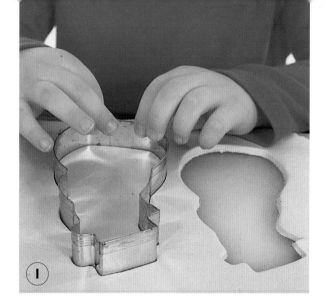

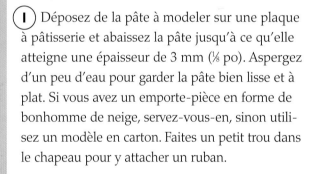

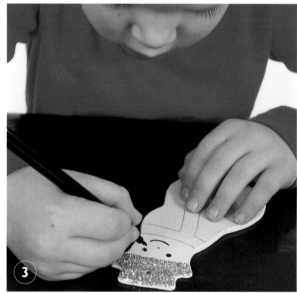

Variantes

Étoiles scintillantes

Faites des étoiles en suivant les mêmes étapes que pour les bonshommes de neige. Servez-vous d'un gel brillant au lieu de saupoudrer des brillants sur une surface encollée.

Perles et babioles

En fait, toutes sortes de décorations se confectionnent très rapidement en collant simplement sur du papier peint des paillettes et des perles en verre. N'oubliez pas de percer un petit trou dans la pâte à modeler avant qu'elle ne durcisse pour y ajouter une boucle ou des perles.

Conseils

★ Achetez de la pâte à modeler blanche pour ne pas avoir à la peindre.
★ Conservez la pâte à modeler à l'abri de l'air dans un contenant hermétique pour de futures activités.
★ Les décorations déjà peintes peuvent être enduites de colle PVA diluée avec un peu d'eau, ce qui augmente la résistance du papier, avant de les décorer avec des paillettes et des perles.

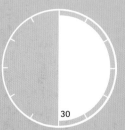

Temps d'exécution
30 minutes

Vous aurez besoin :

Carton de couleur
(ou papier épais)

Crayon

Ciseaux

Gel brillant

Épingle

Ficelle

Décorations de papier en trois dimensions

2-6 ans

Les décorations de papier attirent les regards lorsqu'elles sont suspendues à une fenêtre ou à un arbre. Celles en trois dimensions sont particulièrement mises en valeur dans les endroits où on les voit de tous les côtés. En vous servant de la technique origami, vous pouvez aussi décider de confectionner des flocons de neige découpés. Quel plaisir de déplier un flocon et de découvrir son motif !

(**1**) Pliez une feuille de papier de construction en deux. Tracez le contour d'une étoile sur le papier replié en vous servant du modèle de la page 238. Découpez le contour ; vous obtiendrez ainsi deux étoiles. Décorez les deux étoiles avec du gel brillant.

(**2**) Entaillez une étoile d'une pointe jusqu'au centre. Faites une entaille dans la seconde étoile entre deux pointes jusqu'au centre. Alignez les entailles et glissez les étoiles l'une dans l'autre de manière à faire une forme tridimensionnelle. Percez un petit trou à travers le point de jonction des deux étoiles, passez une ficelle à travers le trou et nouez-la pour suspendre la décoration.

(**1**)

(**2**)

Variantes

Formes variées

Vous pouvez faire des angles, des sapins et des boules de Noël selon cette technique. Décorez-les avec des étoiles et des brillants, ou encore, utilisez des papiers de différentes couleurs.

Flocons de neige en origami

Pliez un carré de papier en deux, repliez-le en deux puis en triangle. Tracez un motif le long des deux rebords pliés et découpez ensuite avec précaution le motif en forme de flocon de neige. Dépliez le papier, posez-le bien à plat et attachez-le à une ficelle.

Conseil

★ Les décorations tridimensionnelles doivent être confectionnées dans du papier assez épais ou dans du carton mince, sinon elles auront tendance à gondoler. Par contre, la technique de l'origami donne de meilleurs résultats dans des papiers minces comme du papier de soie, sinon la découpe devient trop ardue.

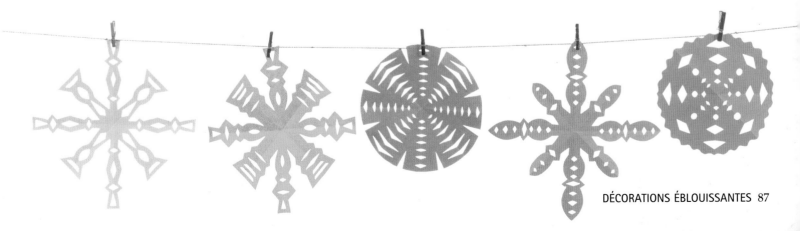

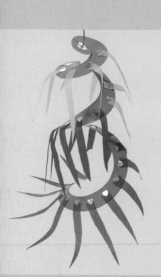

**Temps d'exécution
20 minutes**

Vous aurez besoin :

Assiette

Papier de couleur

Crayon

Ciseaux

Papier de soie
de couleur

Formes prédécoupées
autocollantes

Épingle

Ruban

Spirale
en papier

5-6 ans

Ces décorations festives se suspendent tant à l'intérieur qu'à l'extérieur. Les drapeaux en papier de soie sont encore plus beaux lorsqu'ils volettent au vent. Peu coûteuses et rapides à confectionner, ces décorations peuvent avoir un aspect simple ou plus recherché et, en comptant sur l'aide des parents, les très jeunes enfants peuvent accomplir beaucoup en peu de temps !

1 Servez-vous d'une assiette pour tracer un cercle sur une feuille de papier de couleur. Découpez la forme. Dessinez une spirale à l'intérieur de ce cercle et découpez-la.

2 Pliez et repliez à quelques reprises plusieurs épaisseurs de papier de soie. Tracez la forme d'un fanion que vous découperez. Fixez ces fanions à intervalle régulier en vous servant de gel brillant.

3 À l'aide d'une épingle, percez un petit trou au sommet de la spirale (soit le centre du cercle) et enfilez un ruban à travers le trou. Faites un nœud pour le maintenir en place.

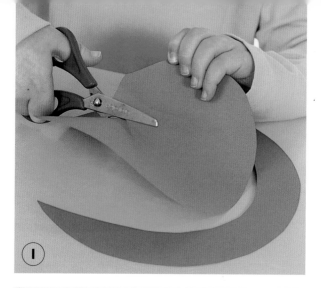

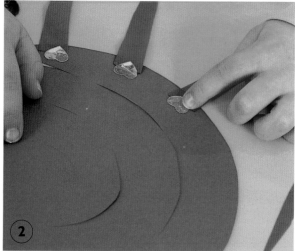

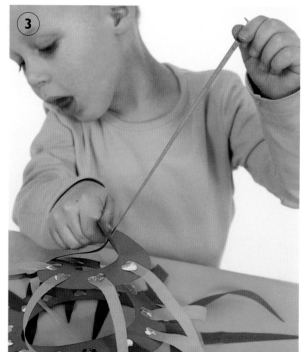

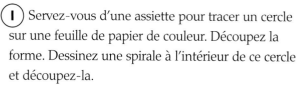

Variantes

Lanternes chinoises

Pliez en deux une feuille de papier dans le sens de la longueur. Faites des entailles à intervalles assez larges le long du pli en prenant garde de ne pas couper les rebords du haut et du bas. Dépliez le papier et collez ensemble les rebords les plus courts de manière à former une lanterne. Collez ou agrafez une ganse de papier dans le haut.

Drapeaux en papier de soie

Pliez une feuille de papier de soie en quatre et découpez différents motifs. Dépliez et collez le bord supérieur à un ruban pour en faire une bannière suspendue. Servez-vous d'un bâtonnet de colle et non de colle PVA.

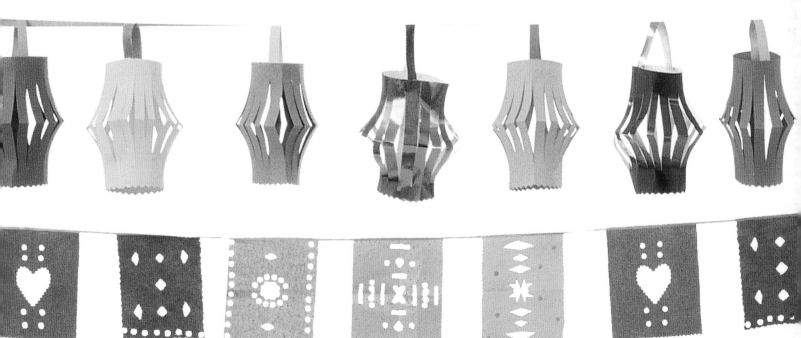

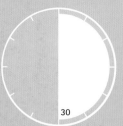

**Temps d'exécution
30 minutes**

Vous aurez besoin :

Bâtonnets à cocktail

Ciseaux

Couteau

Grosse pomme de terre

2 kumquats

Épi de maïs miniature

2 bleuets

Radis

2 pois mange-tout

Feuilles de chou ou
de brocoli

Famille Patate

3-6 ans

Voici une idée de cadeau amusante pour une fête ou pour offrir à l'occasion de l'Action de grâce. Faites l'inventaire des fruits et légumes que vous avez sous la main, vous serez étonné de la diversité des personnages que vous pouvez réaliser !

1 Piquez des bâtonnets à cocktail dans tous les légumes de façon à ce qu'ils soient prêts à être insérés dans la pomme de terre. Coupez les bâtonnets en deux s'ils sont trop longs. Insérez d'abord les deux kumquats dans la pomme de terre pour faire les pieds.

2 Taillez un morceau de l'épi de maïs en guise de nez. Installez les deux bleuets à l'emplacement des yeux et taillez un radis pour faire la bouche.

3 Installez les pois mange-tout de part et d'autre de la pomme de terre en guise d'oreilles.

4 Ajoutez quelques feuilles de chou ou de brocoli pour les cheveux et placez une fleur de brocoli en guise de chapeau.

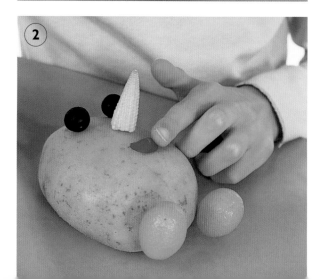

(4)

(4)

Variantes

- Chaussez une patate douce d'oignons verts. Posez des yeux en radis et un nez en bleuet, une chevelure en feuille de chou frisé, surmonté d'un couvre-chef en kumquat et une plume en haricot vert.

- Servez-vous de rondelles de carottes pour les pieds, de pois mange-tout pour les lèvres, de radis pour les yeux et d'un morceau d'oignon pour le nez. Les cheveux sont en feuille de chou frisé.

- Créez un délicieux personnage en vous servant d'une pomme de terre rouge à laquelle vous aurez ajouté des pieds en courgette, un nez en carotte, des yeux en rondelle d'épi de maïs miniature et des oreilles en bleuet. Les cheveux sont en tige d'oignon vert, le chapeau en aubergine.

Conseils

★ Ne confectionnez ces personnages qu'à la toute dernière minute. Conservez-les à l'extérieur et aspergez-les d'eau afin qu'ils conservent leur fraîcheur.

★ Servez-vous d'une brochette de bois coupée que vous piquerez à l'arrière de la pomme de terre pour qu'elle conserve son équilibre.

Poupée en pince à linge à l'ancienne

4-6 ans

Une myriade de poupées vêtues de leur costume national montre bien la diversité et l'originalité de ces costumes. En vous servant de simples bouts de tissu, de dentelle, de laine et de ruban, vous saurez recréer la richesse de ces costumes. La simplicité de l'habit monacal fait de feutrine et de ficelle contraste avec la somptuosité du costume indien garni de rubans aux couleurs vives. Ces poupées sont amusantes à faire et contribuent à instruire les enfants sur le monde qui les entourent.

(**1**) Peignez une pince à linge en bois avec de la gouache brun foncé.

(**2**) Nouez un cure-pipe brun autour de la pince à linge pour en faire des bras. Taillez à la longueur souhaitée. Peignez un visage sur la partie arrondie du sommet : deux points bleus pour les yeux et un point rouge pour le nez et la bouche.

(**3**) Collez l'extrémité d'un ruban vert à la pince à linge et enveloppez le corps de la pince à la manière d'un sari en laissant les bras libres. Collez l'autre extrémité du ruban à l'arrière et ajoutez un ceinturon doré ou un petit gland, si vous le désirez. Collez un étroit ruban de couleur vive autour de la tête en guise de turban.

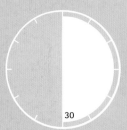

30

**Temps d'exécution
30 minutes**

Vous aurez besoin :

Ancienne pince à linge

Gouache (brune, bleue et rouge)

Pinceau

Cure-pipe brun

Ciseaux

Colle

Rubans de couleur

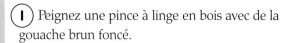

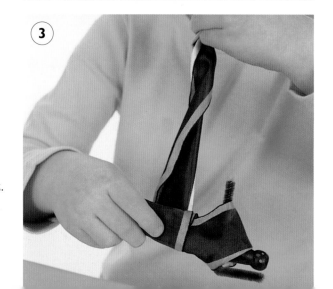

Variantes

- Confectionnez une poupée asiatique en vous servant de papier à motifs ou de ruban ainsi que de brins de laine noire coupés au carré. Tressez des brins de laine pour faire la chevelure d'une poupée indienne et peignez à la gouache les traits du visage.

- Faites une recherche sur les costumes nationaux et efforcez-vous de reproduire ces costumes.

Conseils

★ Servez-vous de vos retailles de tissu, de dentelle et de ruban. Il ne vous en coûtera pas un sou pour réaliser ce projet.

★ Si vous ne trouvez pas de pinces à linge à l'ancienne, servez-vous de bâtonnets à café.

Du fait main, prêt-à-porter

Maillot à cœur

5-6 ans

Proposez à vos petits amours de les aider à imprimer leur cœur sur un maillot. Toutes les formes de cœur auront une allure sensationnelle si vous vous servez de peinture à tissu de couleur argentée. Vous n'aurez qu'à donner un coup de fer pour fixer la peinture sur le maillot.

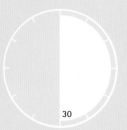

30

**Temps d'exécution
30 minutes**

Vous aurez besoin :

Papier

Crayon

Ciseaux

Maillot

Fer à repasser

Ruban adhésif

Peinture à tissu

Pinceau

(1) Faites un pochoir en vous servant du modèle de cœur de la page 241 ou faites votre propre pochoir en traçant la moitié d'un cœur sur une feuille de papier pliée en deux puis en découpant le cœur.

(2) Repassez le maillot bien à plat. Insérez une feuille de papier à l'intérieur du maillot (pour protéger l'arrière). Installez le pochoir du cœur sur l'avant du maillot et fixez-le en place à l'aide de ruban adhésif. Appliquez la peinture à tissu par petites touches de pinceau.

(3) Retirez le pochoir lorsque la peinture est bien sèche (si le pochoir est toujours bien plat, vous pourrez le réutiliser). En suivant les instructions du fabricant, fixez la peinture à l'aide d'un fer à repasser.

(1)

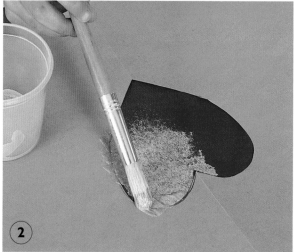

(2)

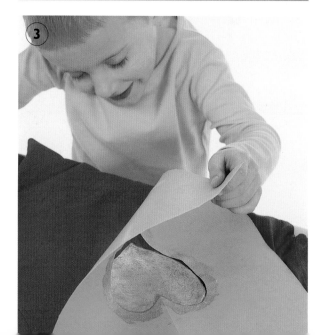

(3)

Variantes

Cœur scintillant

Ajoutez de l'éclat à votre œuvre en vous servant de gel brillant à tissu et des cœurs pailletés.

Pochette en cœur

Dessinez un cœur au pochoir sur un carré de feutrine. Appliquez de la colle sur le pourtour du carré sauf sur le bord supérieur et pressez-le sur une autre pièce de feutrine de la même dimension. Décorez la pochette de brillants, de paillettes et ajoutez un ruban en guise de poignée.

Étoile sur bas

Transformez une paire de bas ordinaire en y ajoutant une petite étoile au pochoir. Servez-vous de gel brillant à tissu.

Conseil
★ Vérifiez toujours d'abord votre pochoir sur une retaille de tissu.

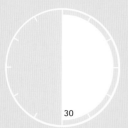

Chapeau fleuri

2-6 ans

À Pâques, le chapeau fleuri est un incontournable. Transformez quelques retailles de papier, de bouts de plumes et de rubans en petites merveilles printanières. Il fut un temps où tout le monde devait arborer de nouveaux habits le dimanche de Pâques. Pourquoi ne pas faire revivre cette tradition perdue en confectionnant pour chacun des membres de la famille un petit bibi de Pâques ?

Temps d'exécution
30 minutes

30

Vous aurez besoin :

Crayon

Papier jaune

Grande assiette

Ciseaux

Papier rose et violet
  (ou des autocollants
  en forme de fleur)

Poinçonneuse

Agrafeuse

Ruban

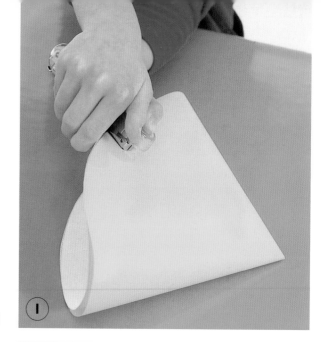

1

(1) Tracez un cercle sur du papier jaune en vous servant d'une grande assiette. Découpez le cercle puis entaillez-le jusqu'au centre. Repliez le cercle de façon à former un cône. Vérifiez si la taille convient à l'enfant (ou à l'adulte) puis agrafez les rebords ensemble.

2 Confectionnez six à huit grosses fleurs roses en papier et le même nombre de fleurs violettes. Servez-vous d'autocollants en forme de fleur si vous en avez sous la main.

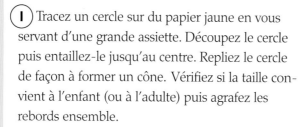

(3) Collez une fleur rose par-dessus une fleur violette en vous assurant que les pétales ne se chevauchent pas complètement. Percez un trou à travers le centre de chaque fleur. Collez les fleurs sur le pourtour du chapeau.

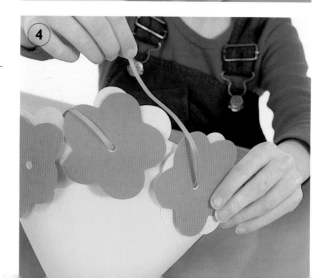

(4) Enfilez un ruban à travers le trou des deux fleurs situées de part et d'autre du chapeau afin d'en nouer les deux bouts sous le menton.

Variantes

Chapeau replié

Le chapeau replié est muni d'une bordure décorative dans le haut et le bas, et est fait de cercles découpés dont vous aurez faufilé le rebord avec des rubans maintenus en place en les nouant sur chaque côté. Décorez-le de fleurs que vous aurez confectionnées ou d'autocollants en forme de fleur. Servez-vous de pinces à cheveux pour le maintenir sur la tête.

Bandeaux

Une large bande de papier de couleur décorée de fleurs et de plumes constitue une coiffe rapide à faire tout en ayant beaucoup d'élégance. Fixez la bande à l'arrière à l'aide d'une agrafeuse ou de ruban adhésif. Découpez une spirale dans un cercle et collez un bout de la spirale sur la bande en laissant l'autre bout libre.

Conseil
★ Pour obtenir un chapeau plus petit, tracez un cercle en vous servant d'une petite assiette.

Pull squelette

5–6 ans

Des matériaux comme de la peinture et des brillants qui luisent dans le noir conviennent parfaitement bien à une soirée d'Halloween ou à toute occasion où l'on ferme les commutateurs. Profitez-en pour convier les amis de vos enfants à se faire des pulls squelette, vous aurez suffisamment de peinture phosphorescente pour les accommoder.

**Temps d'exécution
1–2 heures**
(plus une nuit à sécher)

Vous aurez besoin :

Papier blanc

Crayons (ordinaires et blanc)

Ciseaux

Pull noir à manches longues

Ruban adhésif

Peinture blanche à tissu

Pinceau

Peinture phosphorescente à tissu

1 Tracez le contour des os sur du papier blanc : dix saucisses pour les côtes, sept cercles grossiers pour la colonne vertébrale et quatre cylindres terminés par un renflement aux deux bouts pour les bras. Découpez les formes et fixez-les en place sur l'avant du pull à l'aide de ruban adhésif. Tracez le contour des formes en vous servant d'un crayon blanc.

2 Retirez le ruban adhésif et les formes en papier. Installez une feuille de papier suffisamment grande pour empêcher que la peinture ne tache l'arrière du pull. Peignez les os avec de la peinture blanche à tissu.

3 Lorsque la peinture est complètement sèche (laissez-la sécher toute une nuit), peignez délicatement les os avec de la peinture phosphorescente. Ajoutez une seconde couche de peinture si vous le désirez.

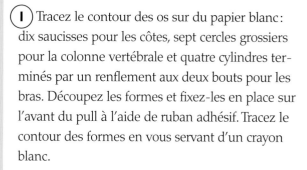

Variantes

Ciel étoilé

Les étoiles, les lunes et les planètes (servez-vous des modèles des pages 238 et 244) qui luisent dans le noir font de merveilleuses décorations de fête. Fixez-les aux murs et aux fenêtres en vous servant de ruban adhésif ou attachez-les à une corde et suspendez-les.

Invitations à une fête

Faites une invitation en collant votre motif à une carte que vous compléterez en écrivant votre texte avec un crayon feutre à pigmentation phosphorescente. Inscrivez sur l'enveloppe que cette invitation doit être lue dans le noir.

Conseil

★ Servez-vous d'une pâte adhésive conçue expressément pour fixer les décorations aux murs. Vous éviterez ainsi de les endommager.

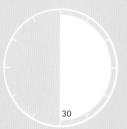

Chapeau de magicien

4-6 ans

Pour l'Halloween, votre enfant aura besoin d'un costume spectaculaire et, si vous ne disposez pas de beaucoup de temps, voici un costume qui se fait en un tour de main : un simple chapeau de magicien plein de brillants et une cape noire et le tour est joué !

I Faites une marque au centre du papier noir avec un crayon. Attachez une ficelle au crayon et fixez l'autre bout de la ficelle au centre du papier en vous servant d'une punaise. Maintenez la punaise en place avec votre pouce et, en gardant la ficelle bien tendue, tracez un demi-cercle. Découpez la forme.

2 Façonnez le demi-cercle en cône et vérifiez s'il s'ajuste bien à la tête de l'enfant. Fixez les deux côtés du cône à l'arrière à l'aide d'une agrafeuse.

3 Dessinez des étoiles de diverses tailles sur le papier noir avec un crayon blanc en vous servant des modèles de la page 238. Découpez les formes, étendez de la colle sur les surfaces avant de les saupoudrer avec des brillants.

4 Collez les étoiles scintillantes à intervalles réguliers sur le chapeau de magicien.

30

**Temps d'exécution
30 minutes**

Vous aurez besoin :

Papier noir

Crayon

Ficelle de 42 cm (17 po)

Punaise

Ciseaux

Brillants

Colle

Variantes

Bracelets de bestioles

Les insectes en plastique mou que l'on trouve dans les magasins à bon marché font de beaux bracelets et colliers. Entortillez-les sur des cure-pipes de couleurs scintillantes. Ces bracelets se font en un rien de temps et attireront bien des regards le soir de l'Halloween.

Petit diable

Un bandeau de fourrure surmonté de petites cornes sied très bien aux tout-petits.

Conseil

★ Procurez-vous un gros sac de bestioles en plastique : les parents et les amis adorent en faire toutes sortes de bricoles !

Masque en forme de crâne

4-6 ans

Les enfants adorent décorer des assiettes en papier et celles-ci font des masques fabuleux. Laissez-vous guider par votre imagination pour créer un masque unique que vous porterez fièrement le soir de l'Halloween. Que diriez-vous d'un visage de monstre, de chat ou de citrouille ?

Temps d'exécution
10-30 minutes

Vous aurez besoin :

Assiette blanche
    en papier

Crayon

Ciseaux

Couteau

Crayon feutre noir

Élastique

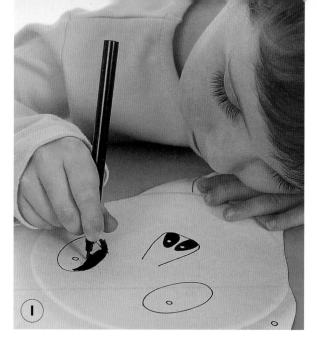

1 Dessinez un crâne avec des joues creuses sur une assiette en papier. Placez le masque contre votre visage et demandez à quelqu'un de marquer l'emplacement de vos yeux et de votre nez. Faites aussi des marques de repère sur les côtés pour y insérer un élastique.

2 Découpez autour du nez et percez des trous à l'emplacement des yeux (si vous n'y arrivez pas avec vos ciseaux, demandez à un adulte de les découper avec un couteau). Servez-vous d'une poinçonneuse pour percer les trous sur les côtés.

3 Faites la partie supérieure de la mâchoire en vous servant d'un morceau du rebord gaufré de l'assiette en papier que vous avez découpée. Collez-le en place, juste au-dessus de la bouche. Faites un nœud à une extrémité de l'élastique et passez celui-ci à travers le premier puis le second trou. Vérifiez l'ajustement avant de faire un nœud.

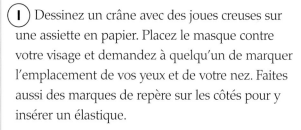

Variantes

Chat de sorcière

Faites un petit masque qui ne couvre que le front, les yeux et le nez; peignez-le en noir et ajoutez un nez en papier rose et de longues moustaches blanches.

Monstres effrayants

Faites des masques de citrouille et de monstre en collant du papier crépon sur la surface d'une assiette en papier et en y fixant des petites boulettes de papier froissé en guise de verrues. Ajoutez de la couleur en vous servant de crayons feutres et de gel brillant. (Rappelez-vous d'utiliser un bâtonnet de colle sur le papier crépon.)

Conseil

★ Choisissez des assiettes en papier mince. Elles se manipulent mieux et font des masques plus légers.

Bandeau à plumes

4-6 ans

Pourquoi ne pas confectionner des bandeaux à plumes à tous les membres de la famille pour le dîner de la fête de l'Action de grâce ? Ces bandeaux seront tout à fait appareillés aux décorations de table suggérées à la page suivante. Vous pouvez vous procurer de vraies plumes ou les faire en papier et utiliser des formes en papier, des rubans et des perles de verre pour décorer les bandeaux.

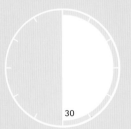

30

Temps d'exécution
30 minutes

Vous aurez besoin :

Crayon

Règle

Papier de diverses couleurs (orange, entre autres)

Ciseaux

Galon de croquet

Papier argenté

Papier de soie

Bâtonnet de colle

Plumes (au choix)

Ruban adhésif

Agrafeuse

I Découpez une bande de 3 x 60 cm (1½ x 24 po) dans du papier orange. Collez un petit galon de croquet doré sur le bord de l'un des longs côtés.

2 Faites des décorations en découpant des cercles de papier de couleur contrastante et de papier argenté au centre desquels vous collerez une boulette de papier de soie froissé. Collez ces décorations sur la bande à intervalles réguliers.

3 Si vous avez de vraies plumes, servez-vous-en. Sinon, vous pouvez en fabriquer avec du papier. Dessinez une longue forme effilée avec une queue à un bout. Découpez la forme, puis faites de nombreuses petites entailles le long du pourtour. À l'aide de ruban adhésif, fixez les plumes en papier à l'intérieur de la bande à intervalles réguliers.

4 Ajustez le bandeau à la tête de l'enfant et coupez-le s'il est trop long. Fixez le bandeau à l'arrière à l'aide d'une agrafeuse.

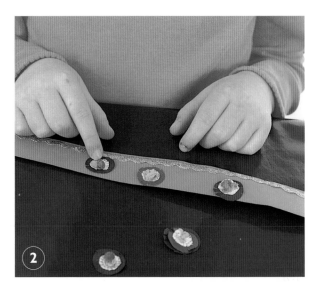

Variantes

Napperons et ronds de serviette

Confectionnez un napperon en coupant un rectangle de carton ondulé aux dimensions requises ; collez-y une plume. Pour faire des ronds de serviette, coupez un rouleau de carton aux dimensions requises et recouvrez-le de papier de couleur. Décorez avec des perles et des plumes.

Marque-place dindon

Le dindon est l'un des grands thèmes autour duquel s'articule la fête de l'Action de grâce. Il est donc tout indiqué pour figurer sur les cartons servant à assigner aux invités leurs places autour de la table. Dessinez un dindon, découpez-le et coloriez-le. Collez-le à une carte pliée en deux.

Conseil

★ Déclinez le bandeau en plusieurs versions : servez-vous de tissus, de rubans et de paillettes. Utilisez n'importe quel matériau qui vous semble convenir, fiez-vous à votre instinct.

Bandanas d'anniversaire

5-6 ans

Ces bandanas aux motifs variés et aux couleurs vives conviennent bien à une fête d'enfants. À l'aide de crayons feutres à tissu et de pochoirs, ils se réalisent en un rien de temps. Les plus jeunes peuvent participer en ajoutant des points et des lignes tandis que vous pouvez y inscrire des messages en vous servant des crayons feutres aux couleurs plus foncées.

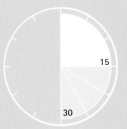

Temps d'exécution
15–30 minutes

Vous aurez besoin :

Tissu ou mouchoir

Fer à repasser

Pochoir

Crayons feutres à tissu de diverses couleurs

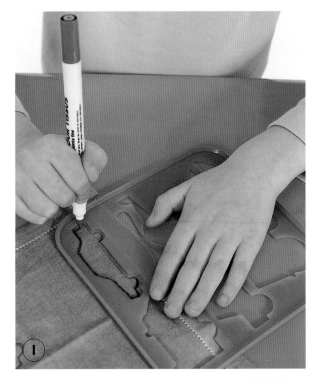

① Repassez un mouchoir en le repliant en quatre, puis ouvrez-le et servez-vous des plis pour circonscrire les endroits où vous placerez le pochoir. Dessinez le contour intérieur du pochoir avec un crayon feutre à tissu.

② Coloriez l'intérieur du dessin en vous servant des crayons feutres à tissu.

3 À l'aide du fer à repasser, pressez le dessin en suivant les instructions du fabricant.

Variantes

Couleur phosphorescente

Faites une bordure éclatante en vous servant
de pochoirs en forme de poisson et d'étoile
et de crayons feutres phosphorescents à tissu.
Utilisez des couleurs contrastantes comme
un rose phosphorescent sur un fond orange.

Pique-nique d'oursons

Faites des bandanas pour tous vos oursons.

Conseils

★ Servez-vous de
  mouchoirs pour
  homme pour faire
  les bandanas.
★ Teignez quelques
  mouchoirs blancs
  pour créer un
  arrière-plan
  coloré.

Couronnes en papier

2-6 ans

Vous pouvez décorer des couronnes taillées dans du papier de soie uni ou à motifs avec des plumes, des paillettes, du gel brillant et divers types de peinture. Cette activité plaît bien aux enfants de tout âge, et même les très jeunes peuvent y participer sans trop de dégâts. L'avantage de ces couronnes, c'est que vous pouvez en découper plusieurs en même temps. Organisez une fête où tous les petits invités doivent confectionner leur propre couronne !

**Temps d'exécution
5-10 minutes**

Vous aurez besoin :

Papier de soie à motifs

Ciseaux

Crayon feutre

Ruban adhésif

Gel brillant doré

(1) Taillez une bande de papier de soie à motifs suffisamment longue pour entourer votre tête et pliez-la en quatre. Tracez des zigzags sur la partie supérieure de la couronne avec un crayon feutre et découpez.

(2) Réunissez les côtés de la couronne avec du ruban adhésif pour qu'elle s'ajuste à votre tête.

(3) Étendez du gel brillant doré au hasard sur la couronne. Laissez sécher la colle avant d'essayer votre couronne.

Variantes

• Recherchez des papiers aux couleurs ou aux motifs inhabituels. Réutilisez les papiers qui ont déjà servi.

• Variez le découpage de la bordure des couronnes. L'emploi de rubans adhésifs de couleur est une façon rapide d'embellir les couronnes.

• Les paillettes et les brillants ajoutent de l'éclat à un tissu uni. Fixez les plumes à la couronne en les collant ou en les agrafant. N'utilisez que des matériaux très légers.

Conseil

★ N'appliquez pas de colle PVA ou de peinture à l'eau, celles-ci ayant tendance à désagréger le papier de soie.

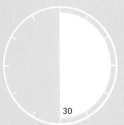

Costume hawaïen

5-6 ans

Ce costume traduit bien à lui seul l'esprit carnavalesque, surtout s'il est confectionné dans des couleurs éclatantes. Il ne vous manque plus que le chaud soleil de l'été pour le porter ! Comme le papier crépon est un matériau étonnamment très résistant, les enfants peuvent aider à réaliser ce costume qui ne demande aucun travail de couture.

1 Mesurez la taille de l'enfant et la longueur de la taille au genou. Découpez un rectangle à ces dimensions dans chacun des quatre papiers crépons de couleur.

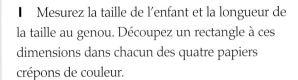

2 Déposez les rectangles à plat l'un par-dessus l'autre et agrafez le bord supérieur pour les maintenir ensemble. Déroulez une longueur de ruban adhésif, fixez le ruban à une table, le côté collant face à vous. Installez délicatement le bord agrafé sur la moitié du ruban adhésif puis ramenez l'autre moitié du ruban par-dessus en pressant bien.

3 Taillez la jupe en lisières de largeur égale en laissant dans le haut une bande d'au moins 2,5 cm (1 po) non taillée.

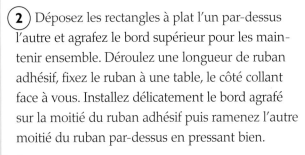

4 Percez un trou à chaque bout du ruban adhésif et solidifiez-le avec un œillet autocollant. Enfilez un ruban à travers les deux trous afin de nouer la jupe.

**Temps d'exécution
30 minutes**

30

Vous aurez besoin :

Ruban à mesurer

Papier crépon de quatre couleurs différentes (le jaune est essentiel)

Ciseaux

Agrafeuse

Large ruban adhésif transparent

Poinçonneuse

Œillets autocollants

Ruban

Variantes

Une fleur dans les cheveux

Ajoutez une fleur à vos cheveux. Pensez à la faire avec un centre de couleur contrastante et une gerbe de feuillage vert.

Serre-tête fleuri

Collez des fleurs de diverses couleurs à un bandeau.

Collier de fleurs

Confectionnez un collier de fleurs en enfilant tantôt des tronçons de paille en plastique de couleurs vives, tantôt des corolles de papier de soie de couleur sur un ruban.

Loup scintillant

2-6 ans

Les masques ajoutent une touche de mystère et de fantaisie à tout déguisement. Simples ou recherchés, ces loups scintillants de mille feux vous offrent l'occasion de vous servir de brillants magnifiques, de plumes exotiques, de paillettes et de perles de verre de toutes les formes et de toutes les couleurs. Le loup, un petit masque qui ne couvre que le front et les yeux, est facile à confectionner mais, si vous manquez de temps, vous pouvez toujours proposer à votre enfant de décorer un loup déjà tout fait.

1 Pliez un papier en deux et tracez le contour de la moitié d'un loup – le pli étant le milieu du masque. Découpez la forme. Découpez les yeux et percez des trous sur les côtés pour l'élastique. Solidifiez-les en y apposant des œillets autocollants ou du ruban adhésif.

2 Pour faire le travail suivant, choisissez une surface facilement lavable comme une table recouverte d'une nappe de vinyle. Étendez de la colle sur toute la surface du masque. Saupoudrez des brillants de toutes les couleurs de manière à bien recouvrir le masque. Laissez sécher avant de secouer l'excédent.

3 Passez l'élastique à travers les trous sur les côtés du masque. Vérifiez que l'élastique s'ajuste bien à la tête de l'enfant avant de le nouer en place.

**Temps d'exécution
30 minutes**

Vous aurez besoin :

Papier épais ou carton

Crayon

Ciseaux

Poinçonneuse

Œillets autocollants ou ruban adhésif

Colle

Brillants aux couleurs variées

Élastique

Variantes

Choisissez un thème

Faites un loup en forme d'insecte, un loup arlequin ou d'inspiration asiatique. Décorez-le en vous servant de plumes, de paillettes auto-collantes, de peinture et de gel brillants.

Masques déjà tout faits

Vous pouvez les décorer de mille et une façons. Reproduisez des motifs de camouflage, de zèbre ou de léopard, collez-y des étoiles saupoudrées de brillants.

Conseils

★ N'employez pas de papier mince, car il risque de se déchirer.
★ Solidifiez toujours les perfora-tions sur les côtés avec des œillets autocollants ou du papier adhésif.

Couronne transparente

2-6 ans

Voici un projet qui est sûrement l'un des plus intéressants à faire. Il est très simple et rapide d'exécution, rallie les enfants de tout âge et donne des résultats tout à fait remarquables. Le ruban adhésif transparent est un matériau extrêmement polyvalent qui se prête à toutes les fantaisies de l'imagination.

1 Coupez des bandes étroites de papier de diverses couleurs. Alignez les bandelettes sur une table ou un carton sur une longueur de 25 cm (10 po). Saupoudrez-les de brillants, d'étoiles argentées et de paillettes.

2 Recouvrez la bordure décorative de ruban adhésif et pressez fermement sur toute la longueur. Décollez avec soin le ruban adhésif de la surface de la table et retournez-le. Recouvrez le tout d'une seconde longueur de ruban adhésif de manière à emprisonner les décorations entre les deux longueurs de ruban adhésif.

3 Faites une seconde bordure décorative en suivant les étapes précédentes et réunissez les deux bordures avec du ruban adhésif pour former une couronne. Ajustez la couronne à la tête de l'enfant avant de couper l'excédent et de joindre les deux bouts.

Temps d'exécution 10-20 minutes

10
20

Vous aurez besoin :

Papier uni ou à motifs

Ciseaux

Règle

Brillants

Étoiles

Paillettes

Ruban adhésif transparent très large

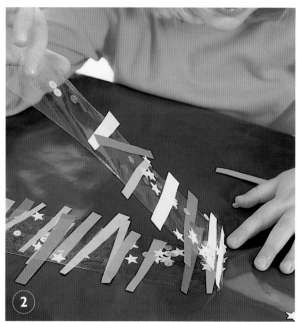

Variantes

Bracelet à paillettes

Servez-vous des retailles pour vous fabriquer un bracelet.
Les formes prédécoupées autocollantes, les lisières pailletées
et les plumes sont de mise.

Idées qui collent

Faites un cadre à photo ou une broche en forme de chien.
Enfilez des pièces découpées de la bordure décorative
transparente sur un fil de fer pour en faire un collier.

Conseils

★ Il est plus facile de faire deux petites bordures
décoratives transparentes qu'une seule, plus
longue.
★ Découpez une large bordure décorative
transparente pour obtenir des bandes plus
étroites plutôt que de vous servir de ruban
adhésif étroit.

Maillot éclatant de soleil

5-6 ans

La teinture par nœud sur tissu blanc produit des effets de couleurs très vifs et donne aux vieux vêtements un coup d'éclat sans pareil. Procurez-vous une trousse de teinture par nœud et vous n'aurez qu'à suivre les instructions.

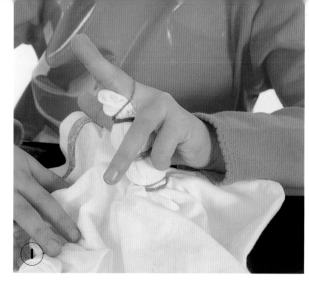

(**1**) Lavez le maillot et gardez-le humide. Pour réaliser ce dégradé en forme de soleil, tordez le centre de l'avant du maillot en y nouant des élastiques à intervalles réguliers ou irréguliers, selon l'effet que vous voulez obtenir. Tordez aussi une petite portion de tissu sur chacune des manches avant de la nouer avec des élastiques.

(**2**) Protégez les surfaces et vos vêtements et enfilez des gants en caoutchouc. Si vous utilisez une trousse, remplissez les bouteilles et les sections de peinture en suivant les instructions données, soit en utilisant la bouteille ou en donnant des coups de pinceau sur chaque section.

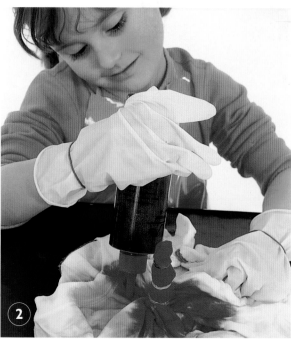

3 Lorsque la teinture aura été appliquée, placez le maillot dans un sac en plastique, fermez-le et laissez la teinture s'imprégner dans le tissu durant la nuit.

(**4**) Avec des gants en caoutchouc et un tablier, sortez le maillot du sac et rincez-le à plusieurs reprises dans de l'eau froide tant que celle-ci demeure claire. Lavez le maillot dans de l'eau chaude avec du savon, rincez-le et laissez-le sécher à l'air libre. La chaleur est contre-indiquée.

25

**Temps d'exécution
25 minutes**
(plus une nuit pour
le trempage)

Vous aurez besoin :

Maillot (neuf ou vieux)

Trousse de teinture par nœud (ou des teintures, bouteilles, pinceaux et fixatifs)

Élastiques

Gants en caoutchouc

Tablier

Sac de plastique

Variante

Expérimentez afin d'obtenir des motifs différents. Attachez de plus petites portions de tissu ou de plus grandes, ajoutez des petits boutons ou des cailloux en nouant les élastiques et voyez l'effet obtenu.

Conseils

★ Si vous ne trouvez pas de trousse à teinture par nœud, servez-vous de teintures qui agissent dans l'eau froide et de fixatifs. Appliquez les mélanges de teinture avec un pinceau ou servez-vous de bouteilles en plastique pour ce faire. Suivez les instructions du fabricant.

★ Si vous voulez teindre plusieurs vêtements de la même couleur, teignez-les dans la machine à laver en vous servant d'une teinture conçue pour les machines à laver.

Marionnette digitale

4-6 ans

Ces merveilleuses marionnettes digitales sont faciles à faire et n'exigent aucune couture. Elles ont un succès fou et s'ajustent sans problème aux petits doigts. Les personnages de l'Halloween sont une source d'inspiration inépuisable et tous les membres de la famille, des tout-petits aux grands-parents, peuvent s'affairer à créer un personnage terrifiant.

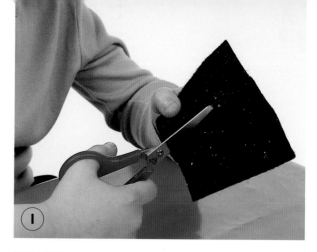

(1) Découpez deux rectangles de feutrine noire assez large pour s'ajuster à votre doigt. Vérifiez l'ajustement en collant l'un ou l'autre des côtés. Collez les deux rebords restants en laissant la partie inférieure de la marionnette ouverte pour y passer le doigt.

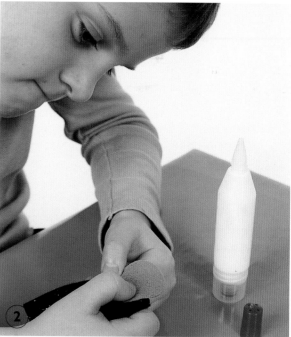

(2) Découpez un visage dans la feutrine verte et collez-le. Découpez un chapeau noir.

(3) Découpez des yeux, un nez et une bouche noirs et collez-les sur le visage. En guise de cheveux, coupez quelques brins de laine grise et collez-les en place.

4 Collez le chapeau sur la tête et décorez le visage et le chapeau avec du gel brillant.

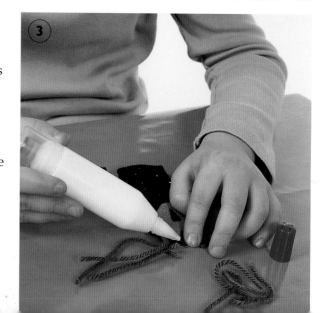

Temps d'exécution
30 minutes

30

Vous aurez besoin :

Ciseaux
Feutrine noire et verte
Colle
Laine grise
Gel brillant

Variantes

Monstres

Les bordures découpées aux ciseaux à cranter ajoutent de la fantaisie aux marionnettes en forme de citrouille ou de squelette. Confectionnez une marionnette digitale classique, ajoutez-y une tête, des bras et des jambes et décorez-la en vous servant de peinture gonflante ou de crayons feutres.

Souris

Cette charmante petite souris a été réalisée dans une pointe de feutrine collée de manière à former un cône. Faites-lui des yeux, des moustaches en laine, des oreilles et un museau en feutrine rose.

Dracula

Faites le corps en feutrine pailletée rouge et collez une cape noire par-dessus. Découpez un cercle de feutrine verte pour le visage et servez-vous de retailles de feutrine pour les sourcils, les cheveux, les yeux, la bouche et les crocs.

Conseil

★ L'emploi de la feutrine pailletée est particulière-ment recommandé pour l'Halloween.

Babioles, bracelets et colliers

Porte-clés à boutons

4-6 ans

Qui ne connaît pas quelqu'un qui égare toujours ses clés ? Ce porte-clés aux couleurs vives et d'un bon poids pourrait bien être la solution à cet épineux problème. Pour le confectionner, vous devrez choisir parmi les boutons les plus biscornus et colorés de votre collection avant de les enfiler sur une cordelette.

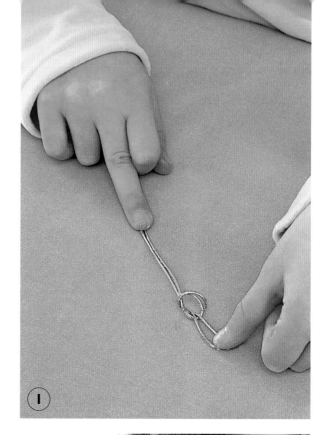

1

(**1**) Pliez une cordelette en deux. Faites un nœud à une distance de 2,5 cm (1 po) du pli.

(**2**) Enfilez chacun des bouts de la cordelette à travers l'un des trous des boutons. Choisissez les boutons en fonction de leur couleur contrastante et de leur texture.

(**3**) Lorsque vous aurez enfilé le dernier bouton, nouez solidement les deux bouts de la cordelette contre celui-ci. Coupez les bouts de cordelette en surplus.

4 Insérez l'anneau de métal à travers la boucle de la cordelette (vous devrez peut-être demander l'aide d'un adulte).

**Temps d'exécution
20 minutes**

Vous aurez besoin :

Cordelette d'une longueur de 30 cm (12 po)

Dix boutons de diverses couleurs

Anneau pour clés

2

(3)

Variantes

Porte-clés à perles

Au lieu de boutons, servez-vous de perles de verre. Assurez-vous simplement qu'elles sont suffisamment grosses et choisissez la cordelette d'une couleur qui s'harmonise bien avec les perles.

Porte-clés à rubans

Nouez des rubans de toutes les couleurs directement sur l'anneau de métal. Assurez-vous que les rubans sont tous de la même longueur et taillez les pointes en biseau.

Porte-clés avec fleurs en feutrine

Calquez le modèle de fleur de la page 241 et reportez-le sur un carton mince. Découpez la forme et tracez le pourtour sur six morceaux de feutrine de couleurs vives contrastantes ou sur six morceaux de la même couleur, mais de tons différents. Découpez les fleurs. Faites un trou au centre de chacune d'entre elles et enfilez-les sur la cordelette en suivant la méthode précédemment décrite.

Conseil
★ Trempez les bouts de la cordelette dans de la colle pour empêcher qu'ils ne s'effilochent.

Barrette ornée de pierreries

6-8 ans

**Temps d'exécution
15 minutes**

Vous aurez besoin :

Colle universelle

Plume colorée

Barrette à cheveux
en métal

Pierres de verre rondes

Cette barrette sertie de pierres de verre (que vous trouverez dans les magasins de matériel d'artisanat ou sur Internet) et agrémentée d'une plume est un merveilleux cadeau pour une personne qui vous est chère, que ce soit une meilleure amie ou une mamie flamboyante. Procurez-vous des plumes aux couleurs vives dans des boutiques de matériel d'artisanat ou servez-vous de plumes que vous aurez ramassées au cours de vos promenades. Les pierres de verre se déclinent dans toutes les formes et couleurs et leur emploi est particulièrement indiqué pour réaliser des cadeaux exceptionnels.

(**1**) Collez une plume de couleur au bout de la barrette de manière à ce qu'elle ressorte vers l'extérieur.

(**2**) Collez une pierre sur la queue de la plume.

(**3**) Continuez à coller des pierres sur toute la longueur de la barrette jusqu'à ce que vous soyez satisfait du résultat. Laissez sécher.

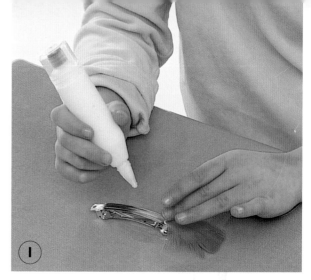

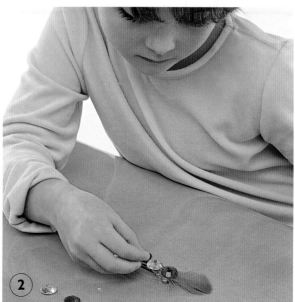

Variantes

Servez-vous de votre imagination

Variez les compositions de plumes et de pierres de verre sur des barrettes à cheveux. Faites-en aussi en laissant de côté les plumes et en ne vous servant que de pierres carrées. Laissez sécher avant de porter.

Conseils

★ Si les plumes sont trop longues, taillez-les à la longueur désirée.

★ Soyez parcimonieux avec la colle pour éviter qu'elle ne se voie sur la barrette.

★ Laissez sécher la colle pendant quelques heures avant de porter la barrette.

Collier en papier mâché

4-6 ans

En voyant ce magnifique collier, vous aurez de la difficulté à croire que les perles ont été faites avec des papiers essuie-tout ! Lorsque les perles seront confectionnées, il ne vous restera plus qu'à les peindre de couleurs vives et à les enfiler sur une lanière en plastique de couleur.

Temps d'exécution
3 heures
(excluant le temps de séchage)

Vous aurez besoin :

6 feuilles de papier essuie-tout

Colle PVA

Bâtonnets à cocktail

Peinture acrylique bleue, rose et rouge

Pinceau fin

Pâte à modeler

Lanière en plastique rouge d'un mètre (3 pi)

(1) Déchiquetez des feuilles de papier et faites-les tremper environ une heure dans un bol contenant un mélange de colle PVA et d'eau (un ratio de 1 cuillerée à table d'eau pour 2 cuillerées à table de colle).

2 Essorez le papier pour en extirper la colle et façonnez sept boules d'un diamètre d'environ 1,5 cm (⅝ po). Mettez les perles à sécher dans un endroit chaud pendant quelques heures.

(3) Lorsque les perles ont durci, percez un trou à travers le centre en vous servant d'un bâtonnet à cocktail (vous aurez peut-être besoin de l'aide d'un adulte). Façonnez de nouveau les perles en boules. Laissez sécher les perles pendant la nuit.

4 Insérez chaque perle sur un bâtonnet de cocktail. Peignez-les en bleu. Piquez les bâtonnets dans de la pâte à modeler et laissez sécher.

(5) Peignez des motifs en spirale sur les perles bleues en vous servant de la peinture rose et rouge. Laissez sécher.

6 Enfilez les perles une à une sur la lanière en plastique en faisant un nœud d'arrêt de chaque côté de la perle. Coupez la lanière en surplus.

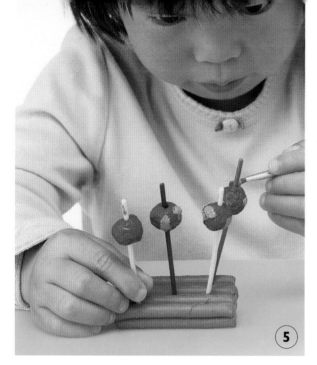

(5)

Variantes

Bracelet

Peignez en rose huit perles en papier mâché et enfilez-les sur un bracelet élastique en plaçant une petite perle entre chaque grosse perle rose. Faites un nœud et coupez l'élastique en surplus.

Pendentif cœur

Confectionnez une grosse bille en papier mâché selon la méthode utilisée précédemment et façonnez-la en forme de cœur. Percez un trou au sommet du cœur, laissez durcir puis peignez-le en rouge. Lorsque la peinture est sèche, étendez une couche de peinture brillante rose et enfilez le pendentif sur un cordon de couleur lilas.

Conseil

★ Appliquez une couche de vernis transparent sur les perles en guise de protection.

Collier en caoutchouc mousse

5-6 ans

Le caoutchouc mousse est un matériau polyvalent, sans danger et facile à manipuler. On l'achète sous forme de feuilles ou de formes prédécoupées. Les broches, les colliers et les bracelets en caoutchouc mousse sont des cadeaux parfaits à offrir aux sœurs, aux amies et même aux frères. Certaines formes prédécoupées sont préencollées à l'arrière, ce qui facilite leur usage par les tout-petits.

1 En vous servant des modèles de la page 241, tracez le contour de quatre fleurs et cinq feuilles sur une feuille de caoutchouc mousse. Dessinez aussi 12 petits carrés de différentes couleurs.

2 Découpez toutes les formes. Percez un trou à travers un bout de chaque feuille. Percez un trou à travers le centre des fleurs et des petits carrés.

3 Enfilez les formes sur un cordon en chenille ou sur un ruban en alternant les fleurs, les feuilles et les petits carrés. Une fois l'opération complétée, nouez les extrémités ensemble de façon à obtenir un collier de la longueur voulue. Coupez le cordon ou le ruban en surplus, si cela s'avère nécessaire.

**Temps d'exécution
30 minutes**

Vous aurez besoin :

Crayon

Caoutchouc mousse de couleurs variées

Ciseaux

Poinçonneuse

Cordon en chenille ou ruban aux dimensions désirées

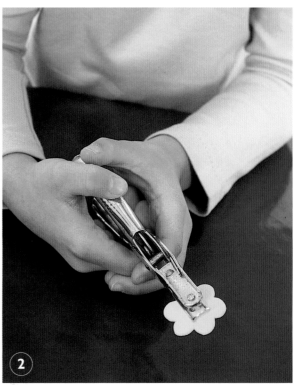

Variantes

Collier facile à faire

Enfilez des formes prédécoupées sur une lanière en plastique en faisant un nœud d'arrêt entre chacune des formes.

Bracelets

Ces bracelets se font en un tour de main. Coupez une bande de caoutchouc mousse, décorez en y perçant des trous, fixez des lanières de caoutchouc mousse aux extrémités et faites une boucle. Vous pouvez aussi enfiler à travers les trous une lanière suffisamment longue pour y faire une boucle.

Broches

Servez-vous de formes prédécoupées et de yeux qui bougent pour faire un mille-pattes ou soyez un peu plus imaginatif en découpant un chien ou un chat que vous décorerez à votre goût ! Collez les formes à un carton d'identification muni à l'endos d'une épingle de sûreté. Vous trouverez ces cartons dans les papeteries.

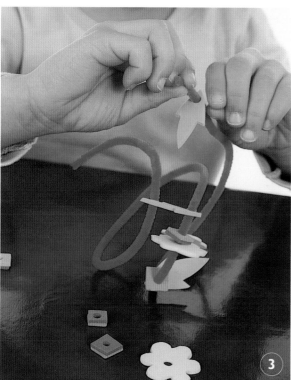

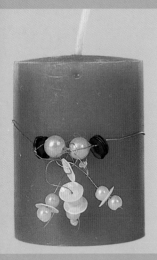

Bougies décorées

3-6 ans

Décorez des bougies pour offrir aux amis ou pour égayer une fête. L'ajout de perles et de paillettes collées ou montées sur un fil est un moyen simple et efficace d'embellir une chandelle. Même les plus jeunes membres de la famille pourront participer en choisissant les perles et en les enfilant sur le fil de fer. Recherchez des formes de paillettes et de perles qui sortent de l'ordinaire.

1 Enfilez des perles et des paillettes sur un petit fil de fer en prenant soin de placer une grosse perle au centre du fil.

2 Enfilez des perles de verre sur un fil de fer plus long. Insérez le fil de fer le plus court à travers les perles du long fil en laissant pendre une petite boucle. Continuez à enfiler des paillettes rouges et roses sur le plus long fil de fer.

3 Entourez la bougie du long fil de fer et maintenez-le en place en tortillant les bouts.

Temps d'exécution
10 minutes

Vous aurez besoin :

Bougies
Fil de fer
Ciseaux
Perles
Paillettes

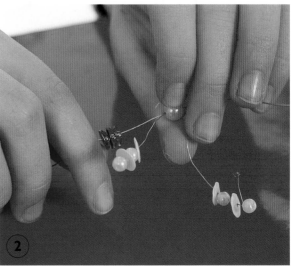

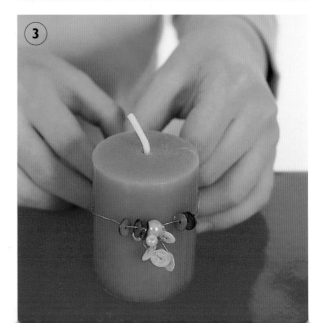

Variantes

Bougie pailletée

Suspendez ou enfilez de belles paillettes sur un fil de fer que vous installerez autour de la bougie.

Chandelles élégantes

Faites un cadeau somptueux en collant des perles et des étoiles scintillantes sur de longues chandelles étroites aux couleurs vives et en les couchant dans une boîte sur du papier de soie.

Conseil

★ Lorsque vous collez des perles et des paillettes sur une bougie, mettez du papier de soie de chaque côté de la bougie pour la maintenir en équilibre. Laissez sécher complètement sinon les perles se détacheront facilement de la bougie.

Bracelets colorés

5-6 ans

Ce bracelet en papier mâché peint de couleurs phosphorescentes apporte une belle touche de couleur à un costume de fête. Bien que cette activité soit un peu salissante, elle est intéressante et les résultats en valent amplement la peine.

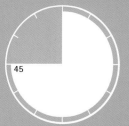

Temps d'exécution
45 minutes
(plus deux nuits
pour le séchage)

Vous aurez besoin :

Papier journal

Bol

Eau

Colle PVA

Pour décorer :

Large tube de carton

Couteau à lame
 escamotable

Ruban adhésif

Crayon

Gouache (blanc, bleu
 et rose)

Pinceau

Peinture gonflante

Ruban

(1) Déchiquetez du papier journal et déposez les morceaux dans un bol. Mélangez trois parties d'eau pour une partie de colle PVA de manière à recouvrir les morceaux de papier. Laissez tremper toute la nuit.

(2) Essorez le papier pour en retirer le surplus d'eau et ajoutez de la colle PVA jusqu'à ce que vous obteniez la consistance du papier mâché.

(3) Trouvez un tube de carton d'un diamètre suffisant pour en faire un bracelet. Coupez-le aux dimensions désirées. Si le diamètre est trop grand, entaillez le tube et fixez les côtés avec du ruban adhésif.

(4) Recouvrez le tube de papier mâché. Si les bandelettes de papier n'adhèrent pas suffisamment, ajoutez un peu de colle au fur et à mesure que vous recouvrez le bracelet. Lissez et pressez bien le papier.

(5) Laissez le bracelet sécher durant toute la nuit. Appliquez une couche de fond avec de la gouache blanche. Lorsque la peinture aura séché, tracez d'abord au crayon des motifs en zigzag que vous peindrez en bleu, ajoutez de gros pois roses et servez-vous de peinture gonflante de couleur jaune pour finir.

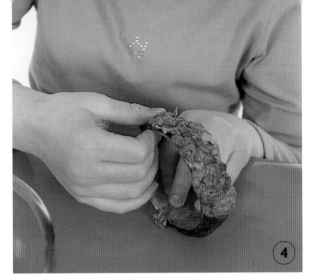

(4)

Variantes

Perles en papier mâché

Façonnez des perles en papier mâché de toutes les dimensions dont vous pourrez vous servir pour faire de nombreux bracelets, colliers et boucles d'oreilles. N'oubliez pas de percer un trou à travers la perle en papier mâché pendant qu'elle est encore humide. Faites sécher toute la nuit. Peignez les bracelets et les colliers avec de la peinture phosphorescente.

Boucles d'oreilles

Transformez ces perles en boucles d'oreilles en les enfilant sur un élastique ou un fil à pêche.

Conseils

★ La préparation de papier mâché se conserve plus d'une semaine dans un endroit frais.
★ Assurez-vous de porter de vieux vêtements et de protéger les surfaces avoisinantes lorsque vous faites cette activité.

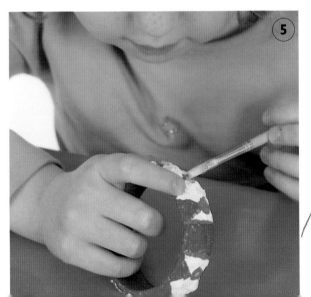

(5)

(5)

Temps d'exécution
1½ heure

Vous aurez besoin :

Ruban à mesurer

Crayon

Ciseaux à cranter

20 cm (8 po) d'un tissu
soyeux d'une largeur
de 90 cm (36 po)

Épingles de couture

Aiguille à coudre

Fil à coudre
s'harmonisant au tissu

Colle à tissu

2 cerceaux

Sac à cerceaux

6-8 ans

Ce magnifique sac arbore des cerceaux
en guise de poignées. Il se porte donc
autour du poignet à l'occasion d'une
fête ou vous pouvez le suspendre à la
maison pour y glisser vos bijoux. Ce sac
aura plus de panache si vous le confectionnez dans un tissu soyeux : choisissez-
le de façon à ce qu'il s'harmonise autant
que possible avec votre tenue favorite.

① À l'aide des ciseaux à cranter, découpez deux
carrés de 16 cm (6½ po) de tissu. Déposez les carrés
l'un sur l'autre de façon à ce que l'endroit du tissu
se fasse face et épinglez-les. Enfilez l'aiguille et
cousez au point devant trois des quatre côtés (point
devant : insérez l'aiguille dans le tissu de l'arrière
vers l'avant ; tirez le fil vers vous puis repiquez
l'aiguille un peu plus loin sur le tissu, soit de l'avant
vers l'arrière, en vous efforçant de faire une ligne
droite). Débutez la couture à la moitié de l'un des
côtés pour la finir à la moitié du côté opposé.
Retirez les épingles.

② Repliez les bords des côtés qui n'ont pas été
cousus et collez-les. Retournez le sac à l'endroit.

③ Repliez l'un des côtés supérieurs de façon à
former un rebord d'environ 2,5 cm (1 po). Insérez
un des cerceaux sous le pli et épinglez. Cousez sous
le pli de manière à emprisonner le cerceau en
retirant les épingles au fur et à mesure que vous
cousez. Installez le second cerceau à l'autre côté
supérieur en répétant l'étape 3.

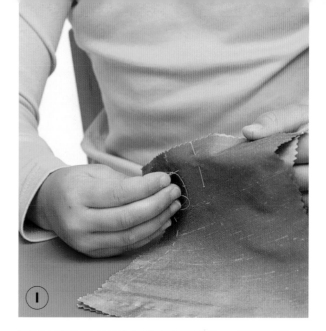

Variantes

Sac rouge

À l'étape 3, cousez une breloque en forme d'étoile en passant l'aiguille à travers la boucle au sommet de la breloque. Disposez la breloque de manière à ce qu'elle occupe le centre du plissé dans le haut du sac.

Pochette orange

À l'étape 3, remplacez les cerceaux par deux rubans de même longueur. Prenez garde à ne pas coudre les rubans pendant que vous cousez le rebord.

Conseil

★ Lorsque vous repliez les bords de côté, ne mettez pas trop de colle ; celle-ci pourrait traverser le tissu et apparaître à l'extérieur du sac.

Bracelet en graines

4-6 ans

Vous pouvez faire des bijoux fabuleux avec les graines de citrouille et de melon. Lavez des graines et faites-les bien sécher ; peignez-les avant de les enfiler sur un bracelet élastique. Vous aurez besoin d'un plus grand nombre de graines pour vous faire un collier.

1 Peignez un côté des graines de couleur lilas, aigue-marine ou bleu lavande. Laissez sécher, puis retournez-les pour peindre l'autre côté.

2 Percez un trou au milieu des graines à l'aide d'une grosse aiguille. (Vous aurez peut-être besoin d'un adulte.)

3 Faites un nœud d'arrêt à l'une des extrémités de l'élastique, puis enfilez les graines en alternant les couleurs.

4 Lorsque vous aurez enfilé suffisamment de graines pour entourer votre poignet, faites un double nœud à l'élastique. Coupez le surplus.

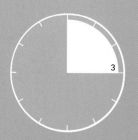

**Temps d'exécution
3 heures**

Vous aurez besoin :

30 à 35 graines de citrouille ou de melon d'eau

Peinture acrylique lilas, aigue-marine et bleu lavande

Pinceau moyen

Grosse aiguille

Bracelet élastique d'une longueur de 30 cm (12 po)

1

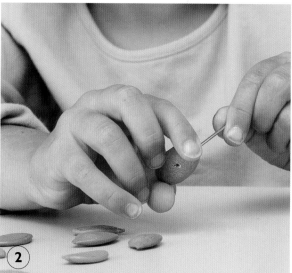

2

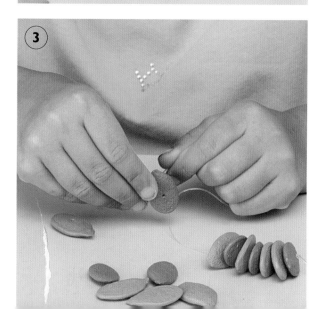

3

Variantes

Collier en graines

Peignez un côté des graines de couleur bleu lavande et laissez-les sécher. Faites des pois de couleur aigue-marine, laissez sécher. Répétez l'opération de l'autre côté des graines. Faites un trou à travers le sommet des graines et enfilez-les sur une longue lanière en plastique vert. Faites d'abord un nœud d'arrêt, enfilez trois graines et faites de nouveau un nœud. Enfilez trois autres graines avant de faire un autre nœud. Poursuivez de cette manière jusqu'à ce que vous obteniez un collier de la longueur souhaitée.

Barrette en graines

Peignez des graines de tournesol en vous servant d'une peinture brillante violette, laissez sécher et collez sur une barrette.

Conseils

★ Si vous préférez, coloriez les graines avec des crayons feutres résistant à l'eau.
★ Au lieu d'un bracelet élastique, vous pouvez utiliser un élastique à froncer pour y enfiler les graines.

Étui à lunettes en feutrine

6-8 ans

Décorez cet élégant étui à lunettes avec beaucoup de paillettes. L'étui souple se double d'une laine polaire qui protège les lunettes remisées à l'intérieur. Le cadeau idéal pour ceux qui portent des lunettes ou pour un ami qui étrenne de nouvelles lunettes de soleil.

Temps d'exécution 2 heures

Vous aurez besoin :

Ruban à mesurer

Crayon

Ciseaux

Feutrine turquoise, un carré de 23 cm (9 po)

Laine polaire rose, un carré de 23 cm (9 po)

Aiguille à coudre

Fil à coudre violet

Liseré de paillettes violettes de 35 cm (14 po)

Quatre paillettes en forme de fleur

Fil à broder rose

Aiguille à broder

Épingles de couture

1 Découpez deux rectangles de 20 x 10 cm (8 x 4 po) de feutrine turquoise et deux rectangles de laine polaire rose aux mêmes dimensions.

2 Enfilez l'aiguille avec le fil violet et cousez le liseré de paillettes violettes en suivant un tracé sinueux sur l'un des rectangles de feutrine.

3 Enfilez l'aiguille à broder avec le fil rose (l'aide d'un adulte sera peut-être souhaitable). Cousez les paillettes en forme de fleur de part et d'autre du liseré pailleté.

4 Épinglez chaque rectangle de feutrine à l'un des rectangles de laine polaire. Enfilez trois brins de fil à broder rose sur l'aiguille à broder. En vous servant du point devant (voir page 136), cousez les couches ensemble le long du bord supérieur, soit l'un des côtés étroits du rectangle. Retirez les épingles.

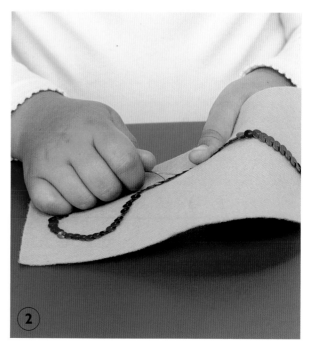

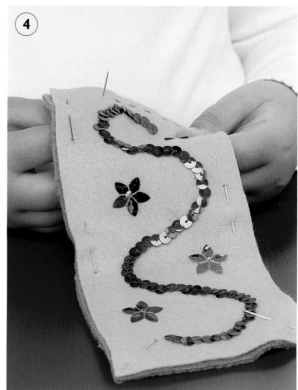

(2)

(4)

Variante

Motif en spirale

À l'étape 2, à l'aide du point devant, cousez des spirales en utilisant du fil à broder et du fil de laine brillant. Servez-vous de laine polaire turquoise pour faire la doublure.

Conseils

★ Repliez les bouts du liseré pailleté sous les paillettes pour les empêcher de s'effilocher.
★ N'utilisez pas trop de colle.

5 Épinglez les deux rectangles doublés ensemble en vous assurant que la feutrine se trouve à l'extérieur. En vous servant de la même aiguille et du même fil, cousez le long des bords extérieurs en vous servant du point devant. Le bord supérieur doit rester ouvert.

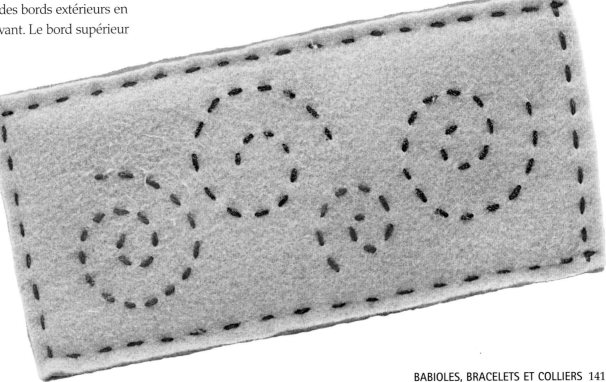

Petit sac en jeans

8-10 ans

Offrez un sac fantastique à une amie pour son anniversaire et faites-en un pour vous en récupérant les poches arrière de votre jeans devenu trop petit. Décorez les sacs avec de la peinture brillante et des pierres de verre étincelantes.

Temps d'exécution
1½ heure
(excluant le temps de séchage)

Vous aurez besoin :

Ciseaux

Vieux jeans

Peinture brillante rose dans une bouteille en plastique souple

Colle universelle

3 pierres de verre carrées

4 pierres de verre en forme de cœur

Aiguille à coudre

Fil à coudre bleu

3 cordelettes de 90 cm (3 pi), une rose, une violette et une rouge

1 Découpez avec soin une poche arrière d'un jeans. (Vous aurez peut-être besoin de l'aide d'un adulte si le denim est très épais.)

2 Appliquez de la peinture brillante rose sur le pourtour (incluant le bord supérieur) de la poche que vous venez de découper. La peinture brillante empêchera le tissu de s'effilocher. Laissez sécher.

3 Retournez la poche et appliquez aussi de la peinture brillante sur le bord supérieur de la poche, à l'envers du tissu. Laissez sécher.

4 Collez les pierres carrées en ligne droite à l'avant du sac. Collez deux des pierres en forme de cœur au-dessus des pierres carrées et les deux autres en dessous.

5 Pour faire la courroie du sac, enfilez l'aiguille avec le fil bleu. Cousez à une extrémité les trois cordelettes, rose, violette et rouge. Tressez-les et cousez le bout de la tresse à l'autre extrémité du sac. Cousez les bouts de cordelettes qui dépassent à l'intérieur du sac.

2

4

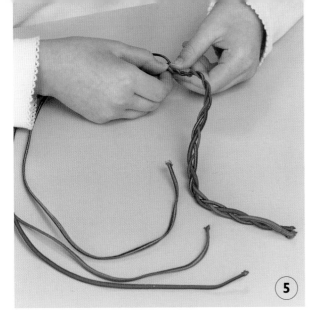

Variantes
Sac fleuri

Découpez une petite poche d'une vieille chemise (choisissez une poche munie d'un bouton). Appliquez de la peinture brillante dorée sur le pourtour et recouvrez le bouton de peinture brillante violette. Collez quelques paillettes en forme de fleur à l'avant du sac.

Sac à main frangé

Découpez une partie de la jambe d'un vieux pantalon de couleur vive. Collez les coutures ensemble de manière à former un sac. Faites un ourlet en rabattant le bord supérieur sur le tissu et collez-le. Fixez une bande frangée de feutrine orange au bas du sac et ajoutez un liseré pailleté dans le haut et le bas du sac. Découpez une grosse fleur dans de la feutrine violette et une plus petite dans de la feutrine orange en vous servant des modèles de la page 247. Collez les fleurs sur le sac en ajoutant au centre de celles-ci une paillette en forme de fleur. Cousez un galon doré en guise de courroie à l'intérieur des côtés supérieurs du sac.

Conseils
★ Vous aurez peut-être besoin d'un jeans d'adulte pour confectionner un sac plus grand. N'oubliez pas de demander d'abord la permission !
★ Déposez un vieux sac en plastique sur la table avant d'appliquer la peinture brillante.

Décorations pour la maison

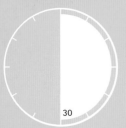

Cadre photo en forme de cœur

5-6 ans

Des formes simples découpées dans du carton ondulé et décorées de laine et de perles font des cadres photos pleins d'originalité. Vous n'avez qu'à y glisser une photo et à l'offrir à la Fête des mères ou à la Fête des pères.

I Tracez un cœur sur un carton ondulé violet en vous servant du modèle de la page 241. Découpez-le avec les ciseaux. Tracez un plus petit cœur à l'arrière du carton ondulé en le centrant bien. Découpez-le à l'aide du couteau à lame escamotable.

(2) Taillez un bout de laine rose et collez le brin de laine sur le pourtour du plus petit cœur à l'avant du carton. Collez au hasard des perles à l'avant du carton.

3 Découpez un carré de carton ondulé bleu suffisamment grand pour couvrir le petit cœur. Vous devrez peut-être tailler les coins du bas afin de suivre la forme du grand cœur. Déposez de la colle sur les côtés et le bas du morceau de carton bleu et collez-le à l'arrière du cœur violet. Le haut du carton bleu doit rester ouvert afin d'y glisser une photo.

(4) Pour faire le support, découpez un rectangle de carton ondulé bleu et installez le côté plus étroit du rectangle dans le haut du carré bleu en le centrant bien. Collez-le de façon à ce que le rectangle puisse s'évaser pour former un support.

30

Temps d'exécution 30 minutes

Vous aurez besoin :

Carton ondulé violet

Crayon

Ciseaux

Couteau à lame escamotable

Laine rose

Perles colorées

Carton ondulé bleu

Colle

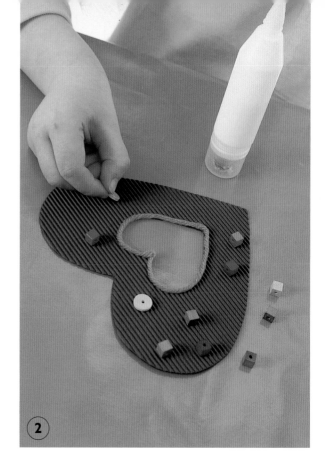

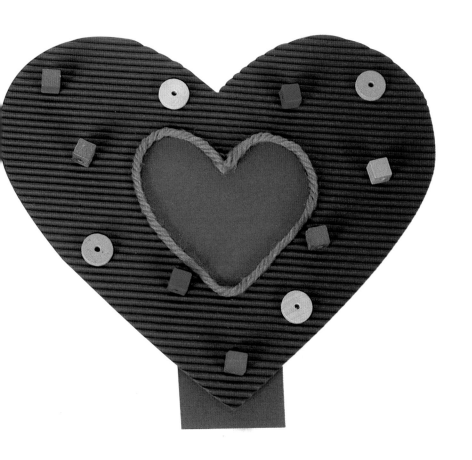

Variantes

Cadre photo de forme carrée

Ce cadre photo de forme carrée se distingue par les brins de laine de couleurs contrastantes, attachés au milieu par un brin de laine et maintenus en place par une perle.

Cadre photo en forme de fleur

Réalisez ce cadre photo en forme de fleur en utilisant la méthode précédemment décrite et en ajoutant, autour de l'ouverture centrale, des perles enfilées sur un brin de laine noué aux deux bouts.

Cadre photo de forme arrondie

Recouvrez ce cadre de laine de cinq différentes couleurs et décorez-le avec des brins de laine noués et des perles.

Conseil

★ Pour un résultat optimal, tâchez de conserver une tension uniforme lorsque vous recouvrez un cadre de laine.

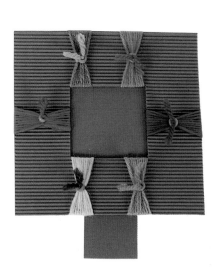

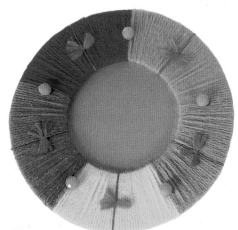

Pirate aimanté pour le frigo

8-10 ans

Ce pirate rigolo constitue un cadeau idéal pour la Fête des pères. Le personnage est fait d'argile polymère cuite au four.

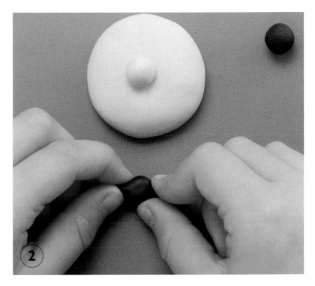

1 Façonnez une boule d'un diamètre de 3 cm (1¼ po) d'argile polymère rose saumon pour le visage. Aplatissez la boule. Façonnez une petite boule de la même couleur pour faire le nez. Pressez le nez au centre du visage.

(2) Façonnez deux petites boules d'argile noire pour faire les moustaches. Relevez les coins et placez-les sous le nez en pressant un peu pour qu'elles adhèrent au visage.

(3) En vous servant d'un rouleau à pâtisserie, abaissez de l'argile noire sur une plaque à pâtisserie jusqu'à ce qu'elle atteigne une épaisseur de 3 mm (⅛ po). Servez-vous des modèles de la page 249 pour découper un bandeau et un tricorne dans l'argile noire. Placez le bandeau de biais sur le côté du visage.

(4) Façonnez un mince cylindre d'argile noire en guise d'attache et placez-le en travers du visage, au-dessus du bandeau. Placez le tricorne de côté sur la tête.

(5) Glissez un petit anneau de métal, qui fera office de boucle d'oreille, sous le chapeau. Pressez délicatement le chapeau pour maintenir l'anneau en place.

Temps d'exécution
1 heure
(excluant le temps de cuisson et de refroidissement)

Vous aurez besoin :

Argile polymère (pâte Fimo) rose saumon et noire

Rouleau à pâtisserie

Plaque à pâtisserie

Petit anneau de métal

Colle PVA

Aimant pour frigo

6 Faites cuire le pirate au four en suivant les instructions de cuisson du fabricant d'argile polymère (demandez l'aide d'un adulte). Une fois cuit, retirez le pirate du four et laissez-le refroidir avant de coller un aimant de frigo à l'endos.

Variantes

Ourson

Façonnez la tête d'un ourson en aplatissant une boule d'un diamètre de 3 cm (1¼ po) d'argile polymère de couleur caramel. Pressez en place trois petites boules pour les deux oreilles et le museau. Façonnez trois plus petites boules d'argile noire pour les yeux et la truffe. Faites un nœud papillon avec deux petits triangles d'argile verte décorée de minuscules pois roses. Imprimez un creux dans les oreilles en vous servant du bout d'un pinceau et dessinez la bouche d'un trait de couteau.

Fraise

Façonnez la forme d'une fraise à partir d'une boule d'un diamètre de 3 cm (1¼ po) d'argile polymère rouge. Pour faire le calice, aplatissez une boule d'un diamètre de 2,5 cm (1 po) d'argile verte, coupez-la en deux et découpez la partie arrondie en dents-de-scie. Pressez le calice et le pédoncule au sommet de la fraise. Reproduisez les akènes avec le bout d'un pinceau.

Fleur

Pressez six boules d'argile rouge ou violette autour d'une boule centrale de dimension similaire en argile jaune. Aplatissez légèrement les «pétales» et imprimez-y un creux avec le bout d'un pinceau. Pressez six petites boules d'argile verte autour du centre de la fleur.

Conseil
★ Lavez-vous les mains avant d'utiliser une nouvelle couleur afin de ne pas tacher l'argile.

Sous-verre papillon

4-5 ans

Transformez une tuile de céramique ordinaire en un petit sous-verre pour la table en appliquant de la peinture à l'éponge autour d'un papillon. Vous serez émerveillé de voir apparaître le papillon lorsque vous retirerez le plastique autocollant. Si vous avez le temps, faites un ensemble de sous-verres, en utilisant pour chacun un ton de vert légèrement différent.

Temps d'exécution
45 minutes
(excluant le temps de séchage)

Vous aurez besoin :

Crayon

Papier calque

Carton mince

Ciseaux

Crayon feutre

Plastique autocollant

Tuile de céramique opaque de 10 cm (4 po)

Éponge naturelle

Gros pinceau

Peinture à céramique verte

I Calquez le modèle du papillon de la page 249 et reportez le tracé sur un carton mince. Découpez la forme et dessinez-en le contour sur un plastique autocollant à l'aide d'un crayon feutre avant de le découper. (Vous aurez peut-être besoin de l'aide d'un adulte pour le découpage.)

② Décollez délicatement le papier à l'endos (un adulte pourrait vous aider à le faire) et collez le papillon au centre de la tuile de céramique.

3 Trempez une éponge dans un peu d'eau. Déposez de la peinture à céramique verte sur l'éponge en vous servant d'un gros pinceau; n'en mettez pas trop.

④ Avec l'éponge, appliquez de la peinture par petites touches partout sur la tuile. Laissez sécher.

⑤ Décollez la pellicule plastique, laissant ainsi apparaître la forme du papillon.

(5)

Conseils

★ Si vous préférez une couleur plus intense, après que la première couche de peinture est sèche, appliquez-en une seconde.

★ Assurez-vous que l'éponge ne contient pas trop d'eau avant d'y appliquer la peinture.

★ N'oubliez pas de nettoyer le pinceau après usage pour éviter que les soies ne durcissent.

Variantes

Feuille de chêne

En vous servant du modèle de la page 249, découpez une feuille de chêne dans le plastique autocollant. Collez la feuille sur une tuile de céramique jaune. Appliquez de la peinture à céramique rouge et blanche à l'éponge. Une fois la peinture sèche, retirez le pochoir.

Rayures

Collez des bandes de ruban-cache sur une grande tuile de céramique. Peignez les espaces entre les bandes avec de la peinture à céramique. Laissez sécher avant de retirer les bandes.

Plat cerise

8-10 ans

Cette charmante coupe qui arbore des cerises appétissantes en pâte à modeler est décorée d'un laçage élégant. Cet ornement a été réalisé en enfilant un fin ruban à travers des trous percés à l'aide d'une paille avant que la coupe n'ait séché.

**Temps d'exécution
2½ heures**
(excluant le temps de séchage)

Vous aurez besoin :

Petit bol (qui servira de moule)

Plaque à pâtisserie

Rouleau à pâtisserie

Pâte à modeler durcissant à l'air

Couteau

Paille à boire

Pinceau moyen

Bâtonnets à cocktail

Ciseaux

Linge de cuisine

Colle universelle

Peinture acrylique jaune ocre, rouge et verte

Galon étroit de couleur rouge

1 Posez un petit bol à l'envers sur une plaque à pâtisserie et enduisez l'extérieur de vaseline (ce qui facilitera le démoulage).

2 À l'aide d'un rouleau à pâtisserie, abaissez de la pâte à modeler durcissant à l'air jusqu'à ce qu'elle atteigne une épaisseur d'environ 5 mm (¼ po). Déposez la pâte à modeler sur le bol en lissant les bords. Soulevez le bol et taillez l'excédent de pâte avec un couteau.

3 Percez des trous autour de la bordure du bol en vous servant d'une paille.

4 Façonnez avec vos mains deux boules de pâte d'un diamètre de 2 cm (¾ po) pour leur donner la forme de cerises. Imprimez un creux au sommet de chacune des cerises avec un pinceau. Aplatissez légèrement les cerises.

5 Coupez un bâtonnet à cocktail en deux avec les ciseaux. Insérez chaque moitié au sommet des cerises en guise de queue. Laissez le bol et les cerises durcir durant la nuit.

6 Démoulez le bol. Essuyez la vaseline avec un linge de cuisine. Collez les cerises sur le bord intérieur du bol. Laissez sécher la colle.

7 Peignez le bol en jaune ocre, les cerises en rouge et les queues en vert. Laissez sécher la peinture.

8 Lacez le galon et nouez ensemble les extrémités.

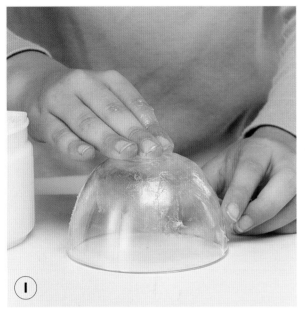

(1)

(6)

(2)

Variante

Bol agrume

À la fin de l'étape 2, découpez une bordure en forme de vague. Faites cinq boules d'un diamètre de 2,5 cm (1 po) dans de la pâte à modeler pour faire des oranges et des citrons. Façonnez les rebords de deux des boules de manière à reproduire la forme d'un citron. Aplatissez légèrement les trois autres boules pour en faire des oranges. Lorsque la pâte à modeler aura durci, collez les fruits autour du bord intérieur du bol, et laissez sécher avant de peindre le bol en vert et les fruits, en orange et en jaune.

Conseils

★ Déposez les cerises sur des gommes à effacer ou quelque objet similaire à l'intérieur du bol pendant que la colle sèche.

★ Si le bol doit recevoir des bonbons qui ne sont pas déjà emballés, garnissez le fond du bol d'une dentelle en papier ou d'un papier parchemin.

Horloge oiseau

8-10 ans

Transformez un couvercle de boîte de carton en une horloge fabuleuse. Ajoutez-y un oiseau de toutes les couleurs, une plume et vous aurez votre propre version d'une horloge coucou.

I Peignez le couvercle de carton en jaune et laissez sécher. Tracez le modèle de l'horloge de la page 246 sur du papier calque. Fixez le papier calque au couvercle à l'aide de ruban-cache.

2 Glissez un à un les autocollants ronds sous le papier calque et collez-les aux quatre points cardinaux correspondant à la position des quarts d'heure. Retirez avec soin le papier calque.

3 En vous servant du modèle de la page 246, dessinez au crayon un oiseau sous le cadran de l'horloge, peignez-le dans des tons de violet et de rose.

4 Lorsque la peinture est sèche, collez une plume à l'oiseau en guise de queue.

5 Percez un trou au centre du cadran avec la pointe des ciseaux (demandez l'aide d'un adulte). Faites le trou suffisamment grand pour y ajuster le mécanisme au quartz. Installez le mécanisme en suivant les instructions du fabricant. Fixez les aiguilles au mécanisme.

**Temps d'exécution
2 heures**
(excluant le temps
de séchage)

Vous aurez besoin :

Couvercle de boîte de carton d'environ 23 x 17 cm (9 x 6¾ po)

Pinceaux large et moyen

Peinture acrylique jaune soleil, violette et rose

Crayon

Papier calque

Ruban-cache

4 autocollants de forme ronde

Colle PVA

Plume

Ciseaux pointus

Mécanisme au quartz et aiguilles

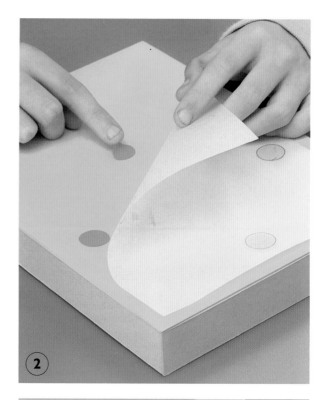

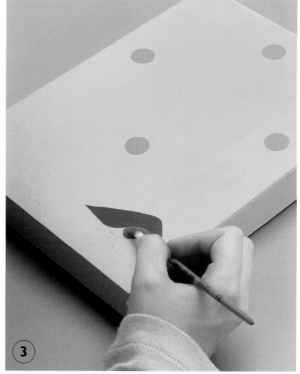

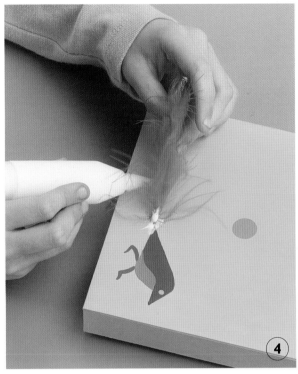

(4)

Conseils

★ Le ruban-cache est très commode lorsque vous voulez maintenir quelque chose en place de façon temporaire. Ce ruban s'enlève facilement lorsque vous n'en avez plus besoin.
★ Vous pouvez peindre les aiguilles de l'horloge si vous le désirez.

Variante

Horloge œil-de-bœuf

Peignez des cercles concentriques de diverses couleurs sur un couvercle de boîte de carton rond de manière à ce que le résultat ressemble à une cible. Servez-vous du modèle de l'horloge tel que décrit précédemment, sauf que vous glisserez des étoiles argentées autocollantes au lieu des ronds. Pour finir, fixez le mécanisme et les aiguilles.

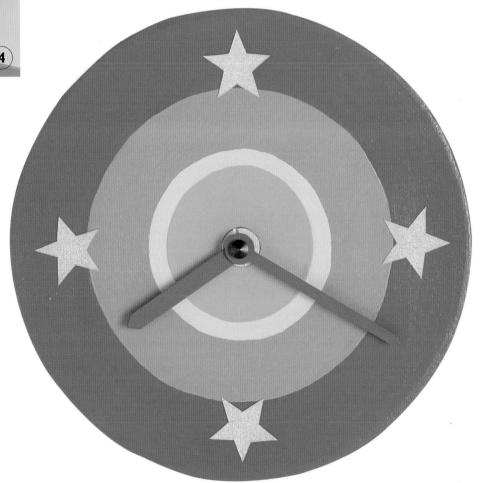

Presse-papiers coccinelle

3-5 ans

Cette coccinelle géante n'est pas qu'un joli objet à contempler, elle sert aussi à garder les papiers et les lettres en place. Ce presse-papiers en pâte à modeler durcissant à l'air est très facile à faire : il suffit de le laisser sécher pendant la nuit et vous pourrez le peindre le lendemain.

1 Façonnez une boule de pâte à modeler d'un diamètre d'environ 4,5 cm (1¾ po). Transformez-la en ovale puis aplatissez-la légèrement. Laissez sécher la pâte à modeler en forme de coccinelle une journée entière.

2 Peignez la coccinelle en rouge en vous servant d'un pinceau et laissez la peinture sécher.

3 Peignez l'avant de la coccinelle en noir, qui fera office de tête. Peignez en noir une ligne droite au centre pour faire les ailes. Peignez un cercle noir sur chaque aile.

4 Lorsque la peinture noire aura séché, peignez les yeux de la coccinelle en bleu. Laissez sécher.

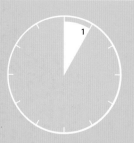

**Temps d'exécution
1 heure**
(excluant le temps de séchage)

Vous aurez besoin :

Pâte à modeler durcissant à l'air

Peinture acrylique rouge, noire et bleue

Pinceau moyen

(3)

Variantes

Bourdon

Faites le corps du bourdon de la même manière
que celui de la coccinelle. Façonnez
ensuite deux ovales de pâte à modeler
pour faire les ailes. Amincissez l'un
des bouts de chaque aile. Humidifiez avec un peu d'eau les ailes
et l'emplacement sur le corps
du bourdon où vous les fixerez,
puis pressez les ailes en place.
Laissez sécher toute la nuit, puis
peignez le corps en jaune. Laissez
sécher la peinture. Peignez ensuite
en noir de larges bandes sur le corps et
peignez les ailes en blanc.

Tortue

Faites le corps de la tortue de la même manière
que celui de la coccinelle. Creusez des lignes sur
la carapace en vous servant d'un couteau. Pour la
tête, les pattes et la queue, façonnez des colom-
bins en pâte à modeler et fixez-les en place
sous la carapace en humidifiant chacune des
parties qui doivent être jointes. Amincissez la queue en pointe et faites
reposer la tête sur un
crayon durant la
période de séchage.

Conseils

★ Conservez la pâte à modeler durcissant à l'air dans un contenant
hermétique pour l'empêcher de
sécher.
★ Collez des yeux en paillettes
ou en perles si vous le désirez.
★ Humidifiez toujours les deux
pièces de pâte à modeler avec
de l'eau lorsque vous voulez les
joindre ensemble (et faites-le
avant que la pâte à modeler
commence à durcir).

Réchauffe-coco en forme de poule

8-10 ans

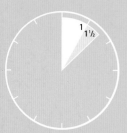

**Temps d'exécution
1–1½ heure**

Vous aurez besoin :

Crayon

Papier calque

Carton mince

Ciseaux

Crayon feutre

Carré de 23 cm (9 po) de feutrine beige foncé

Carrés de 10 cm (4 po) de feutrine jaune et rouge

Aiguille à coudre

Fil à coudre bleu

Deux perles bleues

Épingles de couture

Fil de coton à broder rouge

Voici une charmante poule qui est, non seulement, un cadeau amusant à offrir pour la fête de Pâques, mais aussi un objet éminemment utile servant à garder au chaud l'œuf mollet du petit-déjeuner. La poule est faite en feutrine de couleur, qui est un matériau facile à coudre et qui ne s'effiloche pas.

1 Tracez la poule, le bec et la crête des modèles de la page 248 puis reportez les motifs sur un carton mince. Découpez les formes et dessinez-en les contours avec un crayon feutre comme suit : deux poules sur la feutrine beige, un bec sur la feutrine jaune et une crête sur la feutrine rouge. Découpez les formes.

2 Enfilez l'aiguille à coudre avec le fil bleu, en faisant un nœud d'arrêt à un bout, puis cousez une perle bleue sur chaque poule à l'emplacement marqué par un X sur le modèle. Vous venez de poser les yeux.

3 Pliez le bec en deux le long de la ligne pointillée indiquée sur le modèle. Épinglez le pli sur l'envers de l'une des poules (soit le côté qui n'a pas de perle), entre les points sur le côté du modèle.

4 Épinglez la crête au-dessus du bec, au sommet de la tête de la poule, entre les points du haut du modèle.

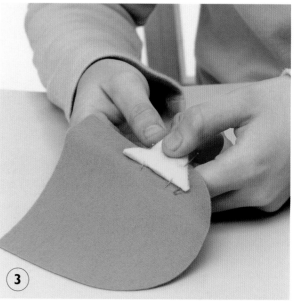

(6)

5 Épinglez les deux poules ensemble, l'envers du tissu se faisant face (à l'intérieur). Assurez-vous que les perles sont bien à l'extérieur et l'une vis-à-vis de l'autre.

(6) Enfilez l'aiguille avec six brins de fil à broder rouge (l'aide d'un adulte est souhaitable pour ne pas que les brins s'emmêlent) et faites un nœud au bout. Cousez les poules ensemble en vous servant du point devant (insérez l'aiguille dans le tissu de l'arrière vers l'avant; tirez le fil vers vous puis repiquez l'aiguille un peu plus loin sur le tissu, soit de l'avant vers l'arrière, en vous efforçant de faire une ligne droite). Assurez-vous de garder une bordure de 5 mm (¼ po) entre vos points et le rebord extérieur. (Un adulte devra peut-être vous aider.) Retirez les épingles.

Conseil

★ Assurez-vous de coudre les yeux aux bons emplacements.

Variantes

Poulette jaune

Confectionnez cette adorable poulette dans de la feutrine jaune de la même manière que précédemment en omettant la crête. Donnez-lui un bec orange et des perles noires pour les yeux. Cousez-la avec du fil à broder orange.

Poulet bleue

Choisissez des couleurs qui sortent de l'ordinaire, comme ce bleu électrique pour le corps combiné à un rose vif pour la crête et les yeux.

Porte-crayon de bureau

5-6 ans

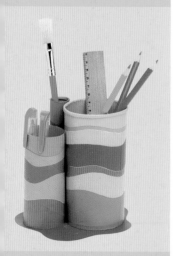

Égayez un bureau qui n'est pas toujours à l'ordre avec ce porte-crayon bien pratique. Gardez tous les tubes de carton que vous pourrez trouver pour les faire. Peignez-les de couleurs vives puis glissez-y vos crayons, pinceaux, règle, qui autrement encombreraient la surface de votre bureau. C'est un cadeau idéal à offrir à un ami employé de bureau ou artiste.

I Retirez les couvercles des tubes cartonnés et peignez l'intérieur de chaque tube (la partie supérieure) avec l'une des couleurs, puis peignez l'extérieur de la même couleur. Laissez sécher.

(2) Peignez des bandes sinueuses de couleurs contrastantes sur l'extérieur des tubes.

3 En vous servant d'un compas et d'un crayon, tracez un cercle d'un diamètre de 14 cm (5¾ po) sur un morceau de carton. (Vous aurez peut-être besoin de l'aide d'un adulte.)

(4) Dessinez une bordure sinueuse à l'intérieur du cercle pour créer la base du porte-crayon. Découpez la base et peignez-la. Laissez sécher.

(5) Déposez de la colle à l'intérieur dans le bas du tube d'essuie-tout et installez-le sur la base. Collez d'abord le tube de friandises, ensuite le tube de bonbons à la base, puis le tube d'essuie-tout. Laissez sécher la colle avant de vous servir du porte-crayon.

**Temps d'exécution
2 heures**
(excluant le temps
de séchage)

Vous aurez besoin :

Tube cartonné de friandises

Tube de papier essuie-tout

Tube de bonbons

Pinceaux, large et moyen

Peinture acrylique dans des tons de bleu foncé, bleu clair, turquoise, orange, pêche et rose

Compas et crayon

Carton épais

Ciseaux

Colle universelle

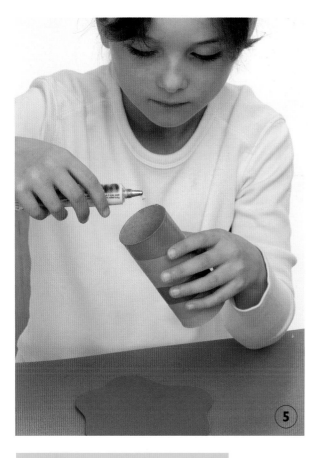

(5)

Variante
Tirelire en tube

Retirez le couvercle d'un tube cartonné de friandises. Faites une fente dans le fond du tube, qui
deviendra dorénavant le haut de la tirelire. Peignez le tube au complet en bleu clair et laissez
sécher. Peignez des vagues en bleu foncé dans le
bas du tube et peignez, au-dessus des vagues, des
nuages blancs à l'éponge. Laissez sécher avant de
peindre des goélands en noir. Replacez le couvercle dans le bas du tube.

Conseils
★ N'oubliez pas de protéger votre
 surface de travail avec de vieux
 journaux ou une nappe en
 vinyle avant de commencer
 l'activité.
★ Les tubes de friandises décorés
 font de beaux coffres à crayons
 et des boîtes à trésors originales.

Temps d'exécution
1½ heure

Vous aurez besoin :

Boîte d'œufs

Colle universelle

Boule de pâte de coton d'un
    diamètre de 3 cm (1½ po)

Crayon

Papier calque

Carton mince

Ciseaux

Pinceau moyen

Peinture acrylique rose
    orangée

Pompon rouge d'un
    diamètre de 5 mm (¼ po)

Crayons feutres, noir
    et orange

Cure-pipe orange

Chat rond de serviette

5-6 ans

Amusez vos invités en leur présentant des chats tigrés en guise de ronds de serviette. Ils pourront apporter leur chat à la maison comme souvenir de l'excellente soirée qu'ils auront passée en votre compagnie. Si vous faites un chat pour chaque invité, rien ne vous empêche d'inscrire leur nom sur le ventre du chat, ainsi tout le monde connaîtra la place qui lui est assignée à la table.

1 Découpez une alvéole dans une boîte d'œufs. Retournez-la. Collez une boule de pâte de coton au sommet en guise de tête.

2 Calquez l'oreille du chat de la page 249 et reportez le motif deux fois sur un carton mince. Découpez les oreilles, pliez-les en deux et collez-les au sommet de la tête.

3 Peignez le chat en rose orangé. Laissez sécher.

4 Collez un pompon rouge sur la tête à l'emplacement du nez. Dessinez les yeux avec un crayon feutre noir.

5 Dessinez la robe du chat avec un crayon feutre orange. Percez un trou à l'arrière du corps pour la queue et déposez un peu de colle sur un cure-pipe orange avant de l'insérer dans l'ouverture. Enroulez la queue du chat autour d'une serviette de table.

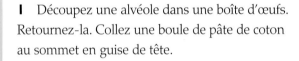

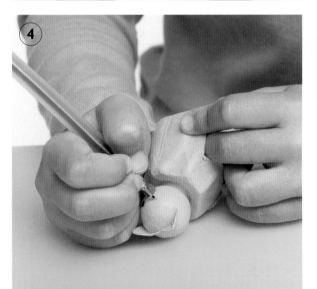

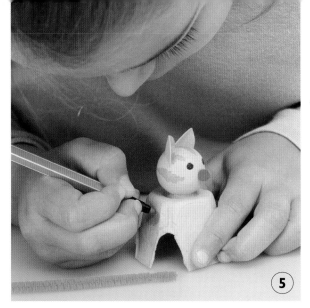

Conseil

★ Les boules de pâte de coton s'achètent dans les magasins de matériaux d'artisanat et sont peu coûteux.

Variantes

Oiseau

À l'étape 2, servez-vous du modèle de la page 249. Découpez un bec, pliez-le en deux et collez-le en place sur la tête. Peignez le bec en jaune et l'oiseau en bleu. Laissez sécher, puis collez deux petits yeux qui bougent. Collez des plumes et des cure-pipes à l'arrière de l'oiseau, vous enroulerez le cure-pipe autour de la serviette.

Bonhomme de neige

Peignez le corps et la tête en blanc. Découpez une bande de feutrine en vous servant de ciseaux à cranter sur l'un des longs côtés. Collez la bande autour de la tête. Fixez un pompon à l'emplacement du nez. Dessinez des yeux au crayon feutre noir. Collez un bouton sur le corps. Attachez un cure-pipe autour du cou pour en faire un foulard qui s'enroulera autour de la serviette.

Éléphant

À l'étape 2, servez-vous du modèle de la page 249 et découpez deux oreilles dans du carton rose, collez-les sur les côtés de la tête. Peignez l'éléphant rose pâle. Faites un trou à la place de la trompe, trempez le bout d'un cure-pipe rose dans la colle avant de l'insérer dans l'ouverture. Dessinez des yeux au crayon feutre noir. Enroulez la trompe autour de la serviette.

Bougeoirs

4-6 ans

La famille et les amis apprécieront ces merveilleux bougeoirs à l'occasion d'une fête particulière ou simplement pour illuminer leur quotidien ! Les papiers de soie de toutes les couleurs donnent au bougeoires, un éclairage éclatant. Les enfants s'amuseront à y coller des brillants, des paillettes et des perles.

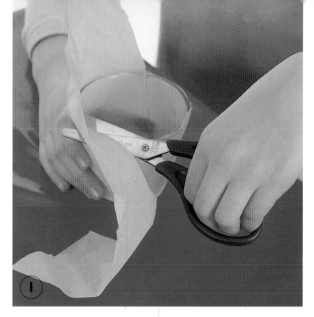

(**1**) Choisissez le verre que vous utiliserez et découpez une pièce de papier de soie suffisamment grande pour bien l'entourer. Appliquez un peu de colle en bâtonnet sur le papier et collez-le sur le verre. Pressez-le pour qu'il adhère au verre. Ne vous souciez pas des plis, ils seront du plus bel effet lorsque la bougie sera allumée à l'intérieur du verre. Coupez le surplus de papier dans le haut du verre.

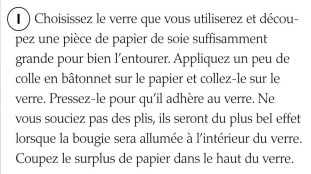

(**2**) Découpez plusieurs bandes étroites de papier de soie turquoise. Faites le même nombre d'étoiles rouge cerise et déposez un peu de gel brillant au centre. Collez les étoiles au bout des bandes turquoise.

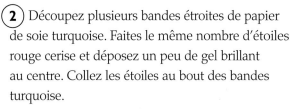

(**3**) Collez le bout des bandes turquoise qui n'ont pas d'étoile à l'intérieur du verre sur son pourtour, puis sortez les bandes de manière à ce que les étoiles pendent à l'extérieur. Déposez une bougie à l'intérieur.

Temps d'exécution 20 minutes

Vous aurez besoin :

Papier de soie de diverses couleurs

Crayon

Ciseaux

Gel brillant

Verre

Bâtonnet de colle

Bougie

Variantes

• Utilisez des papiers de soie de couleurs contrastantes. Faites des bordures décoratives autour du bord du verre en vous servant de liseré de paillettes et de morceaux de papier de soie déchiquetés. Décorez aussi les côtés du verre.

• Un verre recouvert de papier de soie bleu, avec un liseré pailleté de couleur argent et décoré de grandes fleurs donne un bougeoir particulièrement brillant.

Conseils

★ Servez-vous de bocaux en vitre récupérés au lieu de verres.
★ Les veilleuses sont plus sécuritaires que les chandelles.
★ Souvenez-vous que les colles à base d'eau ont tendance à désagréger le papier de soie.

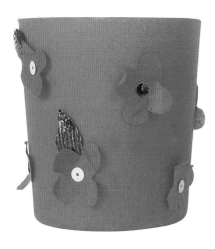

**Temps d'exécution
45 minutes**

Vous aurez besoin :

Crayon

Papier calque

Carton mince

Ciseaux

Crayon feutre noir

Mousse néoprène
aigue-marine,
bleue et rose vif

Colle universelle

5 paillettes argentées

Signet poisson

5-6 ans

Un signet tout en courbes surmonté d'un poisson en mousse néoprène est un cadeau qui convient parfaitement bien à un lecteur assidu. Ajoutez-y du zeste en collant des paillettes argentées qui ressemblent à des bulles. Si vous avez une bonne quantité de cette mousse néoprène, vous pourrez vous lancer dans la confection de cette jolie pochette représentée à la page suivante.

(**I**) Calquez le modèle du signet de la page 251 et reportez le motif sur un carton mince. Découpez la forme et tracez-en le contour sur de la mousse aigue-marine avec un crayon feutre noir. Découpez le poisson dans de la mousse bleue. Dessinez un œil au poisson avec un crayon feutre noir.

2   En vous servant du modèle de la page 251, découpez les écailles et la queue dans de la mousse néoprène rose, ainsi que la nageoire dans de la mousse aigue-marine.

(**3**) Collez les écailles et la queue, puis la nageoire sur le poisson. Collez le poisson au sommet du signet.

(**4**) Pour finir, collez des paillettes argentées au signet en guise de bulles. Laissez sécher avant d'utiliser.

(**I**)

(**3**)

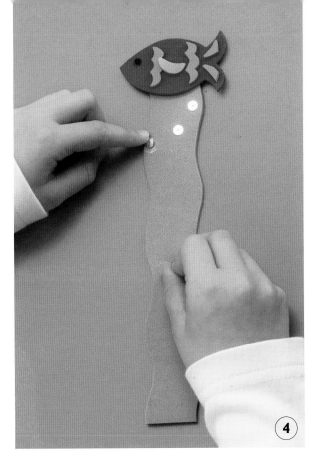

(4)

Variantes

Signet coquillage

Découpez une bande de 20 x 3,5 cm (8 x 1⅜ po) de mousse néoprène jaune. Servez-vous du modèle de la page 251 pour découper le coquillage dans de la mousse de couleur rouge. Collez le coquillage à la bande jaune. Peignez des lignes sur le coquillage et des points verts sur le signet.

Pochette rose

Découpez une pochette dans de la mousse néoprène rose en vous servant du modèle de la page 251. Pliez l'avant de la pochette le long du pointillé indiqué sur le modèle. Cousez les côtés avec une cordelette en plastique (vous devrez peut-être demander l'aide d'un adulte). Fixez le rabat situé à l'avant en collant du velcro (disponible dans les magasins de fournitures de couture ou d'artisanat). Pour la touche finale, découpez une étoile de mer aigue-marine en vous servant du modèle de la page 251, collez-la sur le rabat et décorez-la de points rose vif.

Conseils

★ Vous pouvez colorier la mousse néoprène avec des crayons feutres.
★ Si vous n'obtenez pas le résultat souhaité lors de votre premier essai de découpage du poisson ou du coquillage, refaites-le jusqu'à ce que vous en soyez satisfait.

Animaux en galet

5-6 ans

Ce charmant panda fera la joie de votre meilleur ami, qui le conservera précieusement. Tout ce que vous avez à faire est de trouver un galet bien rond, de le peindre et d'y coller deux yeux qui bougent.

1 Peignez un galet entièrement en blanc avec un large pinceau. Laissez sécher.

2 Peignez une bande noire autour de la partie médiane du galet pour faire le corps du panda.

3 Toujours en noir, mais cette fois en vous servant d'un pinceau moyen, peignez des taches représentant les oreilles, les yeux et la truffe. Laissez sécher.

4 Collez les yeux qui bougent en place. Laissez sécher. Dessinez un sourire avec le crayon feutre rose.

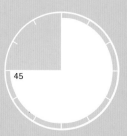

45

**Temps d'exécution
45 minutes**
(excluant le temps
de séchage)

Vous aurez besoin :

Gros galet

Peinture acrylique,
blanche et noire

Pinceaux, large et
moyen

Colle universelle

2 yeux qui bougent

Crayon feutre rose

2

3

4

Variantes

Lion

Choisissez un galet assez gros, peignez-le orange pâle et laissez-le sécher. Dessinez le nez, la bouche, les yeux et les vibrisses en forme de point avec un crayon feutre noir résistant à l'eau. Peignez la crinière en bandes jaunes et orange. Tressez des brins de laine orange et faites un nœud d'arrêt au bout. Collez la queue en place.

Souris

Peignez un petit galet en rose pâle et laissez-le sécher. Dessinez des ronds noirs à l'encre résistant à l'eau pour les yeux. Peignez les oreilles d'un rose plus soutenu en vous servant d'un pinceau plus petit. Fixez un petit pompon rouge pour le nez. Collez une cordelette en plastique rose pour la queue.

Lapin

Peignez un galet en gris et laissez-le sécher. Peignez en rose les oreilles du lapin en vous servant d'un plus petit pinceau. Dessinez un nez et une bouche en vous servant de crayons feutres rose et noir. Collez des yeux qui bougent au-dessus du nez et un pompon blanc en guise de queue.

Conseil
★ Les gros galets font de parfaits presse-papiers.

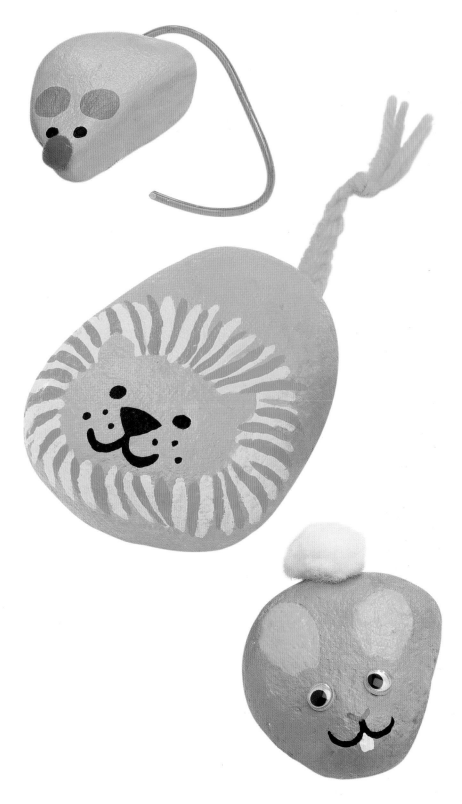

Jardinière peinte

3-4 ans

Voici le cadeau idéal à offrir à ceux qui adorent jardiner : une jardinière de couleur vive sur laquelle on aura imprimé un motif de fleur géante. Choisissez les couleurs en fonction des goûts de la personne à qui vous destinez ce cadeau. Vous pouvez vous procurer un tampon de caoutchouc déjà tout fait dans une papeterie ou dans un magasin de fournitures d'artisanat. Avant de l'offrir, plantez-y une plante ou des fines herbes.

**Temps d'exécution
1½ heure**
(excluant le temps
de séchage)

Vous aurez besoin :

Pot carré en terre cuite

Peinture acrylique, bleu lavande, jaune et orange

Pinceaux, large et moyen

Tampon de caoutchouc à motif de grande fleur

(**1**) Peignez l'extérieur d'un pot en bleu lavande en vous servant d'un pinceau large. Peignez l'intérieur du pot, la partie supérieure, de la même couleur. Laissez sécher.

(**2**) Servez-vous d'un pinceau moyen pour appliquer de la peinture jaune sur le motif de fleur du tampon de caoutchouc. N'en mettez pas trop, sinon les contours de la fleur manqueront de netteté.

(**3**) Imprimez la fleur délicatement mais de manière ferme sur chaque côté de la jardinière. Laissez sécher.

(**4**) Peignez des points orange au centre de la fleur et laissez sécher avant de vous servir de la jardinière.

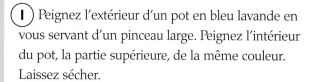

Variantes

Pot jaune moucheté

Peignez l'extérieur d'un pot en terre cuite ainsi que la bordure intérieure en jaune. Laissez sécher. Couvrez votre surface de travail et les zones environnantes de vieux journaux, enfilez une vieille chemise et un tablier avant d'asperger l'extérieur du pot de couleurs contrastantes en vous servant d'une vieille brosse à dents pour disperser la peinture. Lavez-vous bien les mains lorsque vous aurez terminé.

Pot rose à l'éponge

Cette fois-ci, peignez l'extérieur d'un pot en terre cuite en rose pâle. Laissez sécher. Pressez délicatement l'éponge enduite de peinture rose plus foncée sur l'extérieur du pot. Laissez sécher avant de peindre la bordure intérieure et extérieure du pot aigue-marine.

Conseil

★ Faites votre propre tampon de caoutchouc en découpant la forme voulue dans de la mousse néoprène. Collez-la à un morceau de carton épais et appliquez de la peinture avant de vous en servir.

Mangeoire à oiseaux

8-10 ans

**Temps d'exécution
2 heures**

Vous aurez besoin :

Règle

2 couvercles en plastique de la même dimension

Pince coupe-fil

Grillage métallique

Grosse aiguille

Fil de fer fin

Fil de fer de couleur violette

8 perles violettes et roses

Petite pince

Arachides

Suspendez cette mangeoire au jardin et devinez qui viendra dîner ! Ce cadeau, idéal pour un amant de la nature, sera d'autant plus apprécié s'il est accompagné d'un guide ornithologique décrivant les diverses espèces d'oiseaux susceptibles de venir s'y alimenter.

1   Mesurez la circonférence de l'un des couvercles en plastique. En vous servant d'une pince coupe-fil, découpez un rectangle de grillage métallique d'une hauteur de 18 cm (7¼ po) et d'une longueur excédant de 2 cm (¾ po) la circonférence du couvercle.

2   En vous servant d'une aiguille, percez des trous autour du rebord de l'un des couvercles en plastique qui deviendra la base de la mangeoire. (Les plus jeunes auront besoin de l'aide d'un adulte.)

(3)   Façonnez le grillage en cylindre, en faisant se chevaucher les bords. Redressez le cylindre et installez-le sur sa base. En débutant par l'endroit où les bords se chevauchent, fixez le bas du grillage en passant le fil de fer fin à travers le grillage, puis dans les trous autour de la base, en tirant bien le fil chaque fois après l'avoir enfilé dans les trous. Lorsque vous aurez terminé, tortillez les bouts du fil de fer ensemble.

(4)   Surjetez les bords du grillage qui se chevauchent jusqu'au sommet de la mangeoire.

Variante

Bougeoir

Enfilez des perles sur un fil de fer de couleur et fixez-le solidement autour du rebord supérieur d'un pot de confiture. Tortillez les deux extrémités du fil ensemble pour le maintenir en place. Faites une poignée en y enfilant des perles, en procédant de la même manière précédemment décrite, et installez les crochets de chaque côté du pot. Placez une chandelle à l'intérieur.

MISE EN GARDE !

Soyez très prudents avec les bougies allumées. Demandez toujours à un adulte d'allumer les chandelles et ne les laissez jamais sans surveillance.

5 Coupez une longueur de 25 cm (10 po) de fil de fer violet pour en faire une poignée. Recourbez un bout du fil avec la pince pour en faire un crochet. Enfilez les huit perles et recourbez l'autre bout du fil de fer. Accrochez les bouts recourbés de part et d'autre du sommet de la mangeoire.

6 Versez les arachides dans la mangeoire et mettez le second couvercle en place.

Conseil

★ Suspendez la mangeoire assez haut afin qu'elle soit hors d'atteinte des chats.

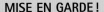

Boîte décorée de fleurs séchées

8-10 ans

Collectionner des fleurs et des feuilles que l'on fait sécher entre deux feuilles de papier est un passe-temps très agréable, surtout si vous vous en servez pour décorer des boîtes comme celle-ci qui, garnie de petites douceurs (voir pages 200-235), devient un somptueux cadeau pour la Fête des mères.

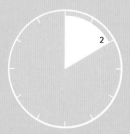

2

**Temps d'exécution
2 heures**
(excluant le temps
de séchage)

Vous aurez besoin :

Petite boîte avec
  couvercle

Peinture acrylique,
  lilas et rouge

Pinceau large

Fleurs et feuilles
  séchées

Pince à épiler

Colle PVA

Bâtonnet à cocktail

1 Peignez l'extérieur d'une boîte et d'un couvercle de couleur lilas. Laissez sécher, puis peignez l'intérieur en rouge.

2 Saisissez une fleur séchée jaune à l'aide d'une pince à épiler. Étendez un peu de colle à l'endos de la fleur avec un bâtonnet à cocktail et déposez-la au centre du couvercle.

(3) Collez trois fleurs séchées rouges autour du couvercle, puis ajoutez, entre celles-ci, trois fleurs séchées de couleur blanche, toujours en vous servant de la pince à épiler et du bâtonnet à cocktail. Laissez sécher la colle.

(4) Collez des pétales rouges et violets sur le bord du couvercle en vous servant de la pince à épiler et du bâtonnet à cocktail. Laissez sécher la colle.

(5) Ajustez le couvercle sur la boîte. Collez des feuilles par paire sur les côtés de la boîte avec la pince à épiler et le bâtonnet à cocktail.

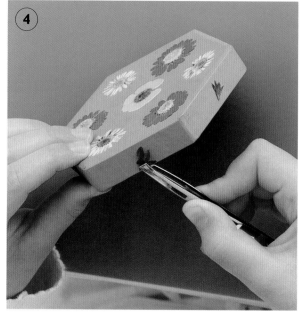

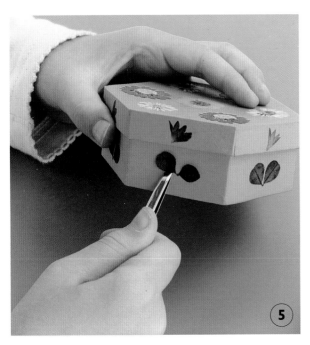

(5)

Variantes

Cadre photo décoré de fleurs séchées

Déchirez des bandes de papier de textures et de couleurs diverses et collez-les à une feuille de papier blanc. Collez des fleurs séchées et des autocollants en forme de fleur en rangée sur les bandes de papier déchirées. Insérez une photo dans le cadre. Décorez le cadre avec des autocollants en forme de fleur.

Cadre de miroir

Collez des boutons de roses séchées avec leurs tiges au cadre qui entoure un miroir. Laissez sécher à plat avant de suspendre le miroir au mur.

Conseils

★ Pour faire sécher des fleurs, déposez celles que vous aurez cueillies au jardin sur un papier buvard. Pliez le papier buvard de telle sorte qu'il recouvre la fleur et placez-le entre les pages d'un livre lourd ou dans une presse conçue à cet effet. Retirez les fleurs avec soin, quelques semaines plus tard.

★ Étendez une fine couche de colle PVA sur les fleurs séchées, une fois que vous les aurez collées sur la boîte, afin de les protéger.

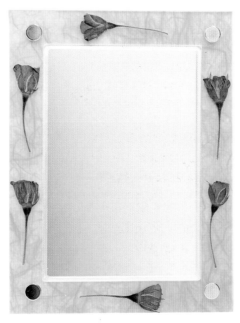

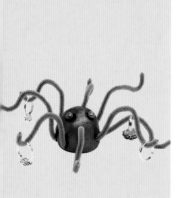

Baguier en forme de pieuvre

3-4 ans

**Temps d'exécution
1 heure**
(excluant le temps
de séchage)

Vous aurez besoin :

Pâte à modeler
durcissant à l'air

2 perles

4 cure-pipes de
couleur lilas

Peinture acrylique,
aigue-marine et
vert nacré

Pinceau large

Colle universelle

Par définition, cette pieuvre amusante a assez de pattes pour accueillir beaucoup de bijoux. Elle est façonnée dans de la pâte à modeler durcissant à l'air et ses pattes sont en cure-pipes. Peut-être pourriez-vous l'offrir à votre sœur plus âgée ?

(1) Façonnez une boule de pâte à modeler d'environ 5 cm (2 po) de diamètre pour le corps de la pieuvre. Déposez la pieuvre sur votre surface de travail et pressez deux perles à l'emplacement des yeux. Retirez les perles.

(2) Coupez des cure-pipes en huit longueurs de 12 cm (4¾ po) pour les pattes. Insérez les cure-pipes dans le bas de la pieuvre, quatre de chaque côté, puis retirez-les. Mettez la pieuvre de côté pendant qu'elle durcit.

(3) Une fois la pieuvre durcie, peignez-la de couleur aigue-marine. Laissez sécher avant de peindre le sommet en vert nacré.

(4) Collez les yeux dans les trous. Appliquez un peu de colle au bout de chaque patte et insérez-les dans les trous que vous avez déjà faits. (Vous aurez peut-être besoin de l'aide d'un adulte.) Recourbez les pattes et laissez sécher la colle.

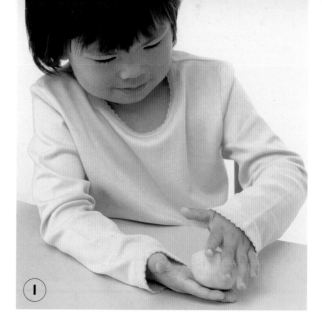

1

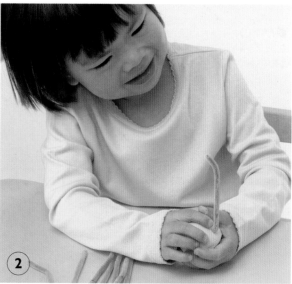

2

3

(4)

Variantes

Insecte rayé

Façonnez une boule d'un diamètre de 5 cm (2 po) de pâte à modeler en un ovale pour faire cet insecte exotique. Pressez deux perles à l'un des bouts de l'ovale pour y imprimer un creux. Retirez les perles. Pour faire les pattes, coupez le cure-pipe blanc en six longueurs de 12 cm (4¾ po). Insérez trois pattes de chaque côté de l'insecte, puis retirez-les. Laissez la pâte à modeler durcir à l'air avant de peindre des rayures sur l'insecte. Collez les perles à l'emplacement des yeux et les pattes à leur place.

Insecte bleu

Faites le corps de l'insecte de la façon mentionnée plus haut, en pressant les perles et les cure-pipes en place puis en les retirant. En vous servant du modèle de la page 249, découpez deux ailes dans du plastique transparent vert, placez les ailes au sommet du corps en y imprimant deux entailles. Retirez les ailes. Laissez sécher la pâte à modeler pendant la nuit. Peignez l'insecte en bleu nacré. Collez les perles à l'emplacement des yeux et insérez les pattes en cure-pipes jaunes dans les trous à cet effet. Collez les ailes dans les entailles.

**Temps d'exécution
1½ heure**

Vous aurez besoin :

Ruban à mesurer

Crayon

Ciseaux

2 carrés-éponges

Épingles de couture

Galon perlé de 16 cm
(6½ po)

Fils à coudre de
couleurs assorties

Aiguille à coudre

Dentelle à motif de
fleurs de 15 cm (6 po)

3 roses en ruban

Gant de toilette

6-8 ans

Voici un présent de luxe pour quelqu'un qui mérite de se faire bichonner. C'est un gant de toilette fait de deux carrés-éponges et orné de perles, de dentelles et de rubans. Si vous comptez en faire la surprise à votre maman, assurez-vous de lui octroyer une heure de paix par semaine afin qu'elle puisse en profiter au maximum.

1 Découpez un rectangle de 21 x 16 cm (8½ x 6½ po) dans un carré-éponge en vous assurant que l'un des côtés courts correspond à la bordure ourlée du carré-éponge. Découpez l'autre côté court du rectangle en arrondi.

2 En procédant exactement de la même manière, découpez un second carré-éponge.

3 Épinglez un galon perlé au bas de l'un des gants. Enfilez une aiguille avec un fil à coudre assorti au galon et cousez celui-ci en place en vous servant du point devant (voir page 159). (Vous pourriez demander à un adulte de vous aider.) Retirez les épingles.

4 Épinglez et cousez une dentelle à motif de fleurs au-dessus du galon perlé. Retirez les épingles.

5 Centrez et cousez trois roses en ruban au-dessus de la dentelle.

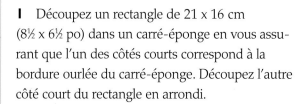

6 Épinglez les deux gants ensemble, l'endroit du tissu se faisant face (donc, à l'intérieur). Cousez les deux côtés et le haut du gant en laissant le bas ouvert. Retirez les épingles et retournez le gant de toilette à l'endroit.

Variante

Gant de toilette orné de croquet

Procédez de la même manière sauf que, cette fois, vous utiliserez des carrés-éponges bleu foncé. Cousez des galons de croquet et des dentelles à motif de fleurs sur l'une des faces du gant de toilette.

Conseils

★ Choisissez des couleurs pour le gant de toilette qui s'harmonisent à la couleur de la salle de bains de la personne à qui vous comptez l'offrir.

★ Enduisez de colle les bouts du galon perlé pour éviter qu'ils ne s'effilochent.

Sent-bon

Chandelle en cire d'abeille

6-8 ans

Faites une chandelle en enroulant deux bandes de couleurs différentes de cire d'abeille et laissez-vous charmer au fur et à mesure qu'elle se consume, par son doux parfum de miel. Vous pouvez vous procurer les feuilles de cire d'abeille dans un magasin de fournitures d'artisanat ou sur Internet en consultant les catalogues spécialisés dans la fabrication des chandelles.

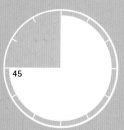

45

**Temps d'exécution
45 minutes**

Vous aurez besoin :

Crayon

Papier calque

Carton mince

Ciseaux

1 feuille de cire d'abeille naturelle

1 feuille de cire d'abeille rouge

Mèche de chandelle de 9 cm (3¾ po)

(1) Décalquez deux fois le modèle de la page 250, une première fois en suivant la ligne étroite et une seconde, en longeant la ligne large, puis reportez les contours sur un carton mince. Découpez les formes et tracez les contours de la bande large sur la feuille de cire de couleur naturelle et ceux de la bande étroite sur la feuille de couleur rouge. Découpez les deux bandes. Déposez la bande rouge, plus étroite, sur la bande, plus large, de cire naturelle ; les extrémités plus effilées des deux bandes étant parfaitement superposées.

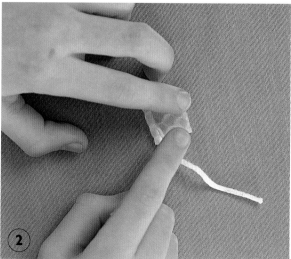

(2) Découpez un carré d'environ 2 x 2 cm (¾ x ¾ po) dans une retaille de cire de couleur naturelle. Entourez le bout de la mèche avec ce carré.

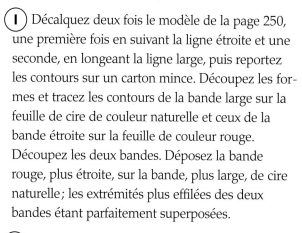

(3) Retournez les deux bandes de cire d'abeille et déposez la mèche le long de la bordure opposée aux pointes effilées et commencez à enrouler la cire autour de la mèche.

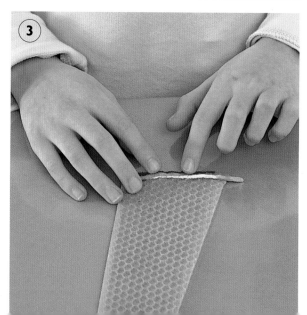

(4) Une fois l'opération terminée, pressez délicatement les bouts effilés pour qu'ils adhèrent bien à la chandelle.

Variantes

Chandelle en triple spirale

Enroulez trois couches de cire d'abeille de couleurs contrastantes. Découpez une bande plus large et une autre plus étroite de cire d'abeille, et ajoutez-y une bande moyenne; les trois bandes étant découpées dans des couleurs différentes. Superposez parfaitement les pointes des bandes et suivez les étapes déjà décrites.

Chandelle droite en cire d'abeille

Entourez deux bandes de cire rouge à la fois autour d'une mèche. Coupez les bouts à angle droit et pressez-les pour qu'ils adhèrent bien à la chandelle.

Chandelle avec appliques en cire

Ces appliques sont découpées dans des feuilles de cire, disponibles dans les magasins de fournitures d'artisanat, puis fixées sur une chandelle existante. Découpez une bande en dents-de-scie et quelques triangles dans des feuilles de cire dorée et bleue. Disposez le tout sur une chandelle rose.

Conseil

★ Les feuilles de cire d'abeille se manipulent mieux avec des mains chaudes et la cire d'abeille se roule plus facilement lorsqu'elle n'est pas froide. Réchauffez les feuilles à l'aide d'un sèche-cheveux si la pièce est trop fraîche.

MISE EN GARDE !

Soyez très prudents avec les bougies allumées. Demandez toujours à un adulte d'allumer les chandelles et ne les laissez jamais sans surveillance.

Sels de bain

6-7 ans

Il est très facile de confectionner des sels de bain colorés pour maman ou grand-maman. Il suffit d'ajouter une très petite quantité de colorants cosmétiques au sel d'Epsom, de verser le tout dans un contenant transparent afin que tous puissent en admirer la belle couleur et, pour finir, de fixer une fleur géante au couvercle ou, encore mieux, la confectionner vous-même en suivant les instructions données aux pages 50-51.

(1) Versez du sel d'Epsom dans un contenant transparent afin de vérifier la quantité exacte dont vous aurez besoin. Transvasez le sel d'Epsom dans un bol.

(2) Ajoutez une goutte d'essence de vanille pour parfumer le sel. Mélangez avec une cuillère.

(3) Ajoutez 2 gouttes de colorants cosmétiques rouge et jaune. N'en ajoutez pas plus. Mélangez jusqu'à ce que les sels de bain deviennent d'une belle couleur orange safranée.

(4) À l'aide d'une cuillère, mettez les sels dans leur contenant. Apposez le couvercle et vissez-le en place. Collez la fleur artificielle géante sur le couvercle.

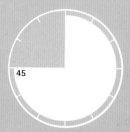

**Temps d'exécution
45 minutes**

Vous aurez besoin :

Sel d'Epsom, environ
200 g (7 oz)

Contenant transparent
avec couvercle

Bol

Essence de vanille

Cuillère à mesurer

Colorants cosmétiques,
rouge et jaune

Colle universelle

Fleur artificielle

(3)

Variante

Sels de bain deux tons

Colorez le sel en y ajoutant quelques gouttes de colorant bleu, vous obtiendrez un mélange de couleur bleu pâle. Divisez la quantité de sel en deux, en les plaçant dans deux bols. Colorez en bleu plus soutenu le contenu de l'un des bols en y ajoutant quelques gouttes supplémentaires de colorant bleu. En tenant le contenant à un angle oblique, versez-y le sel bleu foncé, puis celui d'un bleu plus pâle au-dessus jusqu'au rebord du pot. Vissez le couvercle. Collez une fleur artificielle sur celui-ci.

(4)

Coussin de lavande

8-10 ans

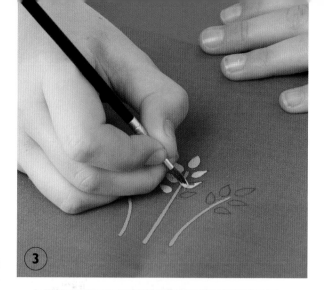

La lavande, c'est bien connu, prédispose au sommeil, alors quoi de mieux à offrir aux personnes de votre entourage qui se plaignent d'insomnie qu'un coussin de lavande peint à la main ?

Temps d'exécution 2 heures

Vous aurez besoin :

Règle

Crayon

Ciseaux

20 cm (8 po) de coton mince de couleur rose d'une largeur de 90 cm (36 po)

Papier calque

Pinceau fin

Peinture à tissu, vert pâle et rose pâle

Dentelle festonnée de 40 cm (16 po)

Épingles de couture

Fils à coudre, crème et rose

Aiguille à coudre

Garnissage

Lavande séchée

1 Découpez deux rectangles de 28 x 20 cm (11½ x 8 po) dans du tissu de coton rose. Décalquez les brins de lavande de la page 246 et reportez-les au milieu de l'un des rectangles.

2 Peignez, par-dessus les lignes au crayon, les tiges des brins de lavande en vert pâle.

(3) Peignez les fleurs en rose pâle en vous servant d'un pinceau fin. Laissez sécher la peinture, puis repassez l'envers du tissu pour fixer la couleur, en suivant les instructions du fabricant.

(4) Coupez une dentelle festonnée en deux. Épinglez chacune des dentelles sur le rectangle peint, à 5 cm (2 po) de la bordure des côtés courts du rectangle. Enfilez une aiguille avec le fil de couleur crème, faites un nœud d'arrêt à l'extrémité et cousez la dentelle en place en vous servant du point devant (voir page 159). (Vous pourriez avoir besoin de l'aide d'un adulte.) Retirez les épingles.

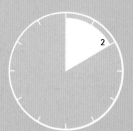

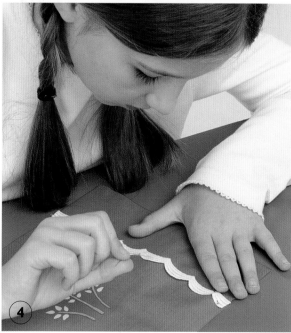

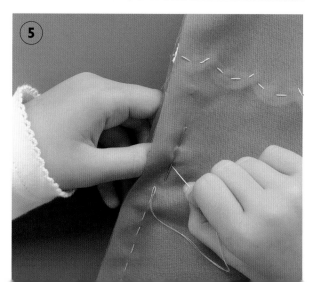

(6)

Variante

Coussin de rose

Découpez la housse (deux rectangles) dans du tissu de coton léger de couleur lilas. Cousez un ruban violet et doré en diagonale sur deux des coins de l'un des rectangles de tissu. En vous guidant sur le modèle proposé à la page 246, peignez un bouton de rose crème sur le rectangle orné de rubans. Fixez la peinture à tissu en repassant le rectangle à l'envers et confectionnez le coussin lorsque la peinture a séché en y ajoutant une poignée de pétales de roses séchées (celles-ci, comme la lavande, favorise le sommeil). Appliquez une touche de gel brillant de couleur dorée sur la fleur.

(5) Épinglez les rectangles ensemble, l'endroit des deux pièces de tissu se faisant face (donc le côté peint à l'intérieur). Enfilez l'aiguille avec le fil rose, faites un nœud d'arrêt à l'extrémité et cousez au point devant le long des bords en laissant une ouverture dans le bas de la housse. Retirez les épingles.

(6) Retournez la housse à l'endroit en vous servant de l'ouverture du bas de manière à ce que le côté peint du tissu soit à l'extérieur. Remplissez la housse de garnissage et déposez une bonne poignée de lavande sous le côté orné du coussin. Fermez l'ouverture du bas en la cousant.

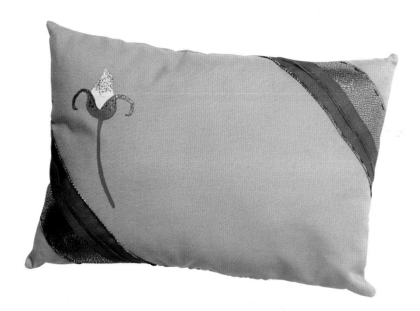

Conseils

★ Après avoir cousu le coussin, faites une petite encoche aux quatre coins dans la réserve pour couture, ce qui donnera une meilleure tenue au tissu lorsque vous le retournerez à l'endroit.

★ Ne faites pas des points de couture trop longs, car la lavande risquerait de s'échapper du coussin.

Savons fantaisie

8-10 ans

Personne ne croira que vous avez vous-même fabriqué ces savons en forme de cœur. Si vous ne trouvez pas de bac à glaçons souple en forme de cœur, choisissez-en un en forme d'étoile ou de pingouin !

(1) Placez du savon dans le haut d'un bain-marie ou dans un bol surmontant une casserole contenant un peu d'eau chaude. (Un adulte devrait vous superviser.) Faites bouillir de l'eau afin de faire fondre le savon. Coupez le feu.

(2) Enfilez des gants de protection, ajoutez quelques gouttes de colorant cosmétique rouge et mélangez à l'aide d'une cuillère en bois.

3 Versez avec soin le savon fondu dans les alvéoles du bac à glaçons (un adulte devrait se charger de le faire).

(4) Laissez les savons durcir environ deux heures avant de les démouler.

5 Froissez quelques feuilles de cellophane que vous déposerez dans un petit panier avant d'y mettre les savons fantaisie.

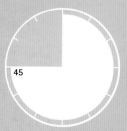

45

Temps d'exécution
45 minutes
(excluant le temps
de durcissement)

Vous aurez besoin :

Savon à la glycérine, 200 g (7 oz)

Bain-marie ou un bol et une casserole résistant à la chaleur (le bol doit s'ajuster parfaitement à la casserole)

Gants de protection en latex

Colorant cosmétique rouge

Cuillère en bois

Bac à glaçons souple en forme de cœur ou autre forme

Petit panier

Feuilles de cellophane

(4)

Variante

Savons en étoile enfilés sur un ruban

Faites des savons bleu pâle et bleu foncé en vous servant d'un bac à glaçons souple en forme d'étoile. Lorsque la surface des savons aura durci, faites un trou au centre de chaque étoile. Laissez les savons durcir complètement avant de les enfiler sur un ruban étroit plié en deux, en laissant une boucle au sommet et en faisant un nœud d'arrêt entre chaque savon.

Conseils
★ Vous trouverez les colorants cosmétiques dans les magasins de fournitures d'artisanat ou sur les sites Internet traitant de la fabrication du savon, mais si vous n'en trouvez pas, prenez du colorant alimentaire.
★ Lorsque vous vous servez de colorants cosmétiques, lavez-vous bien les mains avec de l'eau et du savon après avoir terminé l'activité.

Bouquet rond

4-6 ans

Anciennement, les gens se promenaient avec ces petits bouquets ronds pour se soustraire, en les humant, à la puanteur ambiante. Le petit bouquet rond d'herbes fraîches que nous vous proposons est entouré d'une fine dentelle de papier et constitue un merveilleux cadeau à offrir à sa maman, le matin de la Fête des mères.

45

**Temps d'exécution
45 minutes**

Vous aurez besoin :

Napperon de dentelle en papier

Ciseaux

Brins de romarin, de thym, d'aneth et de persil

Élastique

Raphia orange

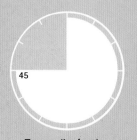

1 Pliez un napperon de dentelle en quatre en pinçant les plis au centre. Percez un petit trou au centre avec les ciseaux.

2 Faites un bouquet avec des brins de romarin et de thym. Ajoutez des brins d'aneth et de persil autour pour en faire un petit bouquet bien serré.

3 Attachez un élastique autour des tiges pour les maintenir en place. Vérifiez que le tout est bien serré.

4 Glissez les tiges avec soin à travers le napperon de dentelle de manière à ce que la dentelle encadre bien le bouquet.

5 Attachez le petit bouquet rond avec quelques bouts de raphia. Faites une boucle en dessous du napperon de dentelle.

1

2

Conseil

★ Si vous n'offrez pas le bouquet rond dans les heures qui suivent, entourez les tiges de papier essuie-tout humide avant de les envelopper dans une pellicule plastique.

Variante

Bouquet garni

Faites plaisir à un cordon-bleu en lui offrant ce bouquet garni. Réunissez quelques brins de persil, de thym et une feuille de laurier, et attachez les tiges avec une corde.

Baume pour les lèvres

6-8 ans

Un baume parfumé à la vanille qui hydrate les lèvres sera très apprécié par votre mère, votre tante ou votre amie. Décorez le petit contenant avec un autocollant brillant et un ruban frisé, et offrez-le à la Fête des mères ou à l'occasion d'un anniversaire.

1 Enfilez des gants et mettez de la vaseline ainsi qu'un peu de rouge à lèvres (si vous décidez de le faire) dans le bol. Ajoutez 2 ou 3 gouttes d'essence de vanille.

2 Mélangez les ingrédients en les écrasant avec le dos d'une cuillère jusqu'à ce que le mélange soit homogène.

3 Transférez le mélange dans un petit pot à l'aide d'une cuillère. Vissez bien le couvercle et retirez toutes traces graisseuses du pot et du couvercle en vous servant d'un linge ou d'une éponge.

4 Apposez un autocollant en forme de cœur sur le couvercle. Attachez un ruban autour du couvercle et faites un nœud. En plaçant un couteau émoussé près du nœud, tirez sur chacun des bouts du ruban de manière à ce qu'ils s'enroulent en tire-bouchon. (Vous aurez peut-être besoin de l'aide d'un adulte.) Si l'opération ne réussit pas du premier coup, refaites-la en tendant bien le ruban sur la lame.

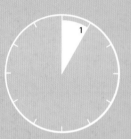

Temps d'exécution
1 heure

Vous aurez besoin :

Gants de protection en latex

Vaseline, 2 cuillerées à dessert

Rouge à lèvres neuf (au choix)

Bol à mélanger

Essence de vanille

Cuillère

Petit pot avec couvercle

Linge à vaisselle propre ou une éponge

Autocollant en forme de cœur

Ruban étroit de couleur argentée

Couteau émoussé

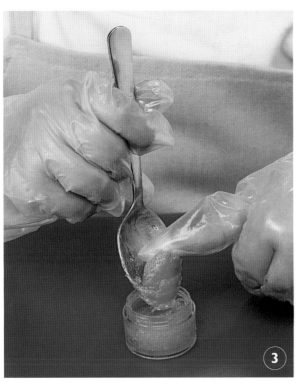

Variante

Pots ornés de brillants

Les pots de confiture miniatures font d'excellents contenants à baume pour les lèvres. Après avoir lavé les pots et les couvercles (de préférence au lave-vaisselle, en les laissant à l'intérieur jusqu'à ce qu'ils soient bien secs et refroidis), décorez-les avec des autocollants et de la peinture brillante.

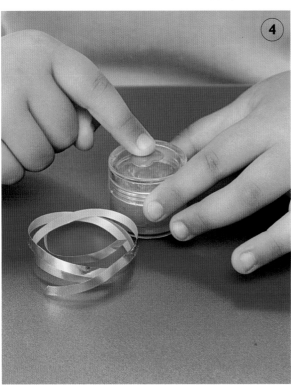

Exfoliant au sucre

4-6 ans

Cet exfoliant parfumé rendra la peau de votre mère ou de votre tante douce et lumineuse. Un cadeau qui convient parfaitement à cette personne exceptionnelle qui mérite qu'on s'occupe d'elle. L'exfoliant fait des miracles sur la peau rugueuse des coudes et des talons. C'est un cadeau à offrir à une grande personne seulement.

1 Mélangez du sucre et de l'huile d'olive dans un bol jusqu'à ce que vous obteniez une consistance de sirop épais. Ajoutez de l'essence d'amande.

2 À l'aide d'une cuillère, transvasez le mélange dans un pot étanche et vissez le couvercle. Essuyez toute trace du mélange sur le pot à l'aide d'un linge propre.

3 Écrivez le mode d'emploi sur une étiquette-cadeau. Enfilez l'étiquette sur le ruban.

4 Nouez un ruban autour du couvercle et demandez à un adulte de placer un couteau émoussé près du nœud et de tirer sur chacun des bouts du ruban de manière à ce qu'ils s'enroulent en tire-bouchon.

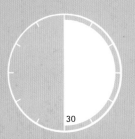

**Temps d'exécution
30 minutes**

Vous aurez besoin :

Sucre granulé, 70 g (2¾ oz)

Huile d'olive, 2 cuillerées à dessert

Bol à mélanger

Essence d'amande, ½ cuillerée à thé

Petit pot étanche à l'air avec couvercle

Linge propre

Stylo bille

Étiquette-cadeau

Ruban

Couteau émoussé

Variante
Sachet de bain parfumé

Déposez une cuillerée à table d'avoine et une poignée de thym et de lavande séchée au centre d'un cercle d'un diamètre de 18 cm (7¼ po) de mousseline que vous aurez découpée avec des ciseaux à cranter. Rassemblez les bords et attachez-les solidement avec un ruban. L'avoine assouplira la peau tandis que le thym et la lavande parfumeront délicatement l'eau du bain. N'offrez ce cadeau qu'à un adulte et jamais à une femme enceinte.

Conseil

★ Conseillez au destinataire de masser l'exfoliant délicatement sur la peau humide puis de rincer abondamment à l'eau chaude et de ne jamais l'employer sur le visage. Vous pourriez inscrire vos recommandations sur l'étiquette-cadeau.

Chandelles traditionnelles de Noël

3-6 ans

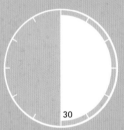

Temps d'exécution
30 minutes

Vous aurez besoin :

Bâtonnets à cocktail

Ciseaux

Canneberges

Orange

Clous de girofle

Vide-pomme

Chandelle

Les oranges de Noël ont une merveilleuse odeur d'épices. Les petites mains n'auront pas trop de problèmes à insérer des clous de girofles dans une orange. Assurez-vous simplement de protéger les surfaces des éclaboussures ! Il est facile de reproduire plusieurs motifs intéressants sur ces oranges, et l'ajout d'une chandelle leur donne encore plus de charme. Servez-vous-en à la maison ou à l'église.

1 Coupez plusieurs bâtonnets à cocktail en deux et enfoncez chaque moitié dans une canneberge. Décorez l'orange d'une rangée de canneberges que vous installez une à la fois.

2 Ajoutez une rangée de clous de girofle à l'orange au-dessus des canneberges et une autre, en dessous.

3 En vous servant d'un vide-pomme, évidez le centre de l'orange et placez-y une chandelle (Il est préférable qu'un adulte se charge de cette opération.)

Variantes

Attardez-vous à créer divers motifs sur votre orange de Noël en jouant avec les cercles ou les rangées de clous de girofle, ou encore en l'entourant d'un ruban.

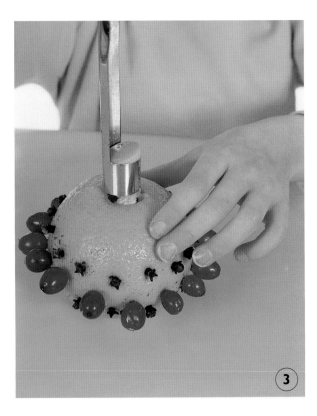

Conseils

★ Ne faites votre orange de Noël qu'à la toute dernière minute, elle aura meilleure apparence.
★ Servez-vous-en pour décorer la table, entourée de branches de houx.

Sachet parfumé

6-8 ans

Ces sachets, déposés dans les tiroirs, communiquent leur parfum aux vêtements. Pour réaliser un sachet, vous n'avez qu'à trouver une retaille de tissu et de tulle et à les garnir d'un pot-pourri ou de lavande séchée. Les ciseaux à cranter dont vous vous servirez pour découper le tissu empêcheront celui-ci de s'effilocher. Le bouton en forme de cœur est une touche finale ravissante.

1 Calquez le modèle du cœur de la page 250 et reportez-le sur un carton mince. Découpez le cœur et tracez-en le contour avec un crayon feutre noir sur du tissu et de la tulle rose. Découpez les deux cœurs à l'aide de ciseaux à cranter.

2 En vous servant d'un coton-tige, étendez de la colle autour du bord extérieur du cœur en tissu rose en évitant d'en mettre dans le haut. Déposez le cœur en tulle par-dessus et pressez. Laissez sécher.

3 Versez un pot-pourri ou de la lavande dans l'ouverture du haut du cœur.

4 Collez la bordure du haut. Pressez le tulle fermement de manière à fermer le sachet de façon hermétique. Pour finir, collez un bouton en forme de cœur à l'avant du sachet. Laissez sécher.

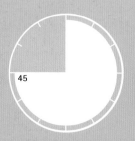

45

**Temps d'exécution
45 minutes**

Vous aurez besoin :

Crayon

Papier calque

Carton mince

Ciseaux universels
et à cranter

Crayon feutre noir

Tissu rose

Tulle rose

Coton-tige

Colle PVA

Poignée de pot-pourri
ou de lavande séchée

Bouton en forme
de cœur

2

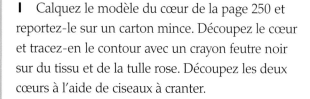

3

④

Variante

Sachets en forme d'étoile et de fleur

En vous servant des modèles de la page 250, découpez du tissu et du tulle en forme d'étoile ou de fleur. Ajoutez un bouton qui s'harmonise à la couleur ou à la forme du sachet.

Recettes gourmandes

Lanternes glacées d'Halloween

8-10 ans

On utilise des oranges plutôt que des citrouilles pour faire ces petites lanternes. Demandez aux enfants de créer des visages qui donnent froid dans le dos pour mieux apprécier cette délicieuse recette de l'Halloween.

45

**Temps d'exécution
45 minutes**

Vous aurez besoin :

4 oranges

4 cuillerées de crème glacée à la vanille ou de sorbet au cassis

4 bonbons à la réglisse de forme ronde

Quelques cerises confites

Planche à découper

Petit couteau dentelé

Cuillère à thé

Cuillère à crème glacée

1 Sur une planche à découper, coupez une calotte au sommet de chaque orange et réservez. En vous servant de la cuillère, évidez l'orange jusqu'à ce que vous atteigniez la partie blanche près de la pelure de l'orange.

2 Déposez une orange sur le côté et découpez avec soin les yeux et la bouche à l'aide d'un petit couteau dentelé. Demandez l'aide d'un adulte si cela est nécessaire. Vous préférerez peut-être tracer le contour des traits avec un crayon feutre avant de découper. Répétez l'opération avec le reste des oranges.

3 Remplissez avec de la crème glacée ou du sorbet. Replacez les calottes, garnissez la bouche de cerises et ajoutez des filaments de réglisse pour les cheveux. Servez immédiatement ou mettez les lanternes au congélateur.

1

Conseils

★ Vous pouvez vous servir d'autres fruits comme des pamplemousses ou des petits melons d'eau pour faire ces lanternes.

★ Servez-vous de la chair de l'orange pour ajouter à une salade de fruits ou pour vous faire un lait frappé avec une banane et du yogourt passés au mélangeur.

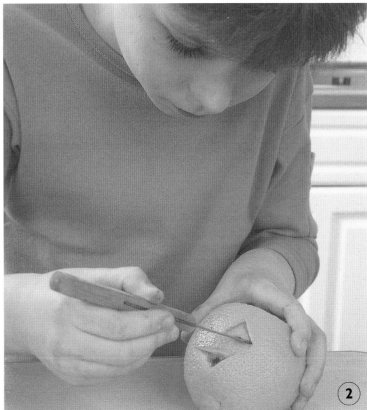

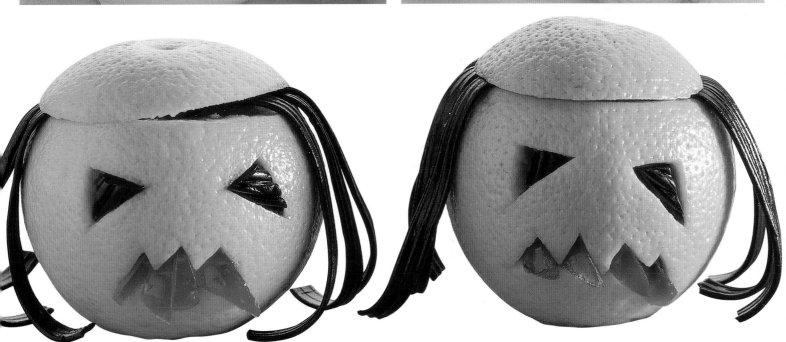

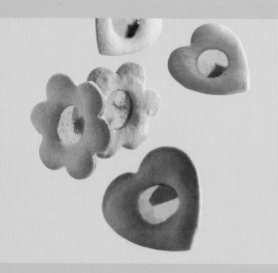

Biscuits vitraux

6-8 ans

Ces biscuits sont amusants à confectionner. Les bonbons clairs sont placés au milieu des biscuits troués et, en cuisant, les bonbons fondus forment des vitraux colorés.

Temps d'exécution
45 minutes
(plus le temps de cuisson
et de refroidissement)

Vous aurez besoin :

125 g (4 oz) de beurre

175 g (6 oz) de farine tout usage

50 g (2 oz) de sucre granulé

½ orange, le zeste seulement

Quelques bonbons clairs

2 plaques à pâtisserie

Papier parcheminé

Couteau

Planche à découper ou une assiette

Bol à mélanger

Batteur à main (au choix)

Râpe

Rouleau à pâtisserie

Assortiment d'emporte-pièces, grands et petits

Gants de cuisinier

1 Réglez le four à 180°C/350°F/ Gaz n° 4. Déposez les papiers parcheminés sur les plaques de pâtisserie. Coupez le beurre en petits morceaux, mettez-les dans le bol à mélanger avec la farine et le sucre. Mélangez avec vos doigts (ou avec le batteur à main) jusqu'à ce que vous obteniez une consistance de fines miettes. Râpez la pelure de l'orange et ajoutez au mélange.

2 Formez une boule avec le mélange en vous servant de vos mains. Abaissez finement la pâte sur une surface enfarinée. Découpez la pâte avec les emporte-pièces. Déposez les biscuits sur le papier parcheminé. Puis découpez des formes plus petites au centre des biscuits et retirez-les.

3 Formez une autre boule avec les retailles de biscuits, abaissez la pâte et découpez de nouveaux biscuits jusqu'à ce que toute la pâte ait été utilisée. Faites cuire au four pendant 8 à 10 minutes jusqu'à ce que les biscuits soient légèrement dorés.

4 Entre-temps, déballez les bonbons clairs et brisez-les avec le rouleau à pâtisserie. Sortez les biscuits du four. Ajoutez divers morceaux colorés au centre des biscuits. Demandez l'aide d'un adulte parce que les biscuits seront très chauds. Remettez dans le four environ 2 à 3 minutes jusqu'à ce que les bonbons soient fondus. Laissez refroidir avant de servir.

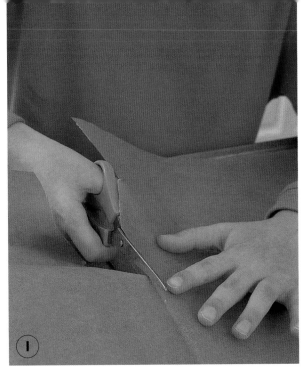

Conseil

★ Si vous voulez faire des biscuits
semblables et vous en servir
pour accrocher au sapin de
Noël, servez-vous d'une pâte
à biscuits plus ferme, comme
celle de la page 206. Percez
des petits trous dans le haut
de chaque biscuit avec le bout
d'une petite cuillère aussitôt
que les biscuits sortent du four.

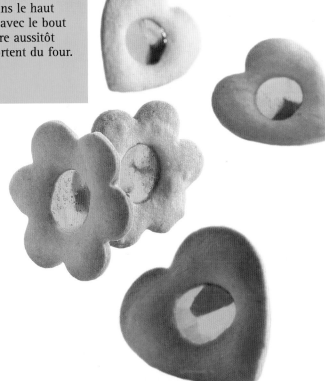

Biscuits en sapin de Noël

6-8 ans

Ces biscuits au chocolat en forme de sapin sont tout à fait ravissants lorsqu'on les suspend à l'arbre de Noël. Décorez-les tous de la même manière ou laissez les membres de votre famille libres de les décorer à leur goût.

Temps d'exécution
45 minutes
(plus le temps de cuisson
et de refroidissement)

Vous aurez besoin :

75 g (3 oz) de beurre

3 cuillerées à table de mélasse claire

150 g (5 oz) de sucre granulé

325 g (11 oz) de farine tout usage

15 g (½ oz) de cacao

1 cuillerée à thé de cannelle

2 cuillerées à thé de bicarbonate de soude

4 cuillerées à table de lait

1 tube de glaçage blanc

Mini chocolats enrobés de sucre ou autres bonbons du genre

Petit ruban

2 plaques à pâtisserie

Pinceau à pâtisserie

Casserole

Cuillère en bois

Passoire

Bol

Rouleau à pâtisserie

Grands emporte-pièces de Noël

Cuillère à dessert

Palette métallique

1 Réglez le four à 180°C/350°F/ Gaz n° 4. Enduisez les plaques à pâtisserie d'huile en vous servant du pinceau à pâtisserie. Mettez le beurre, la mélasse claire et le sucre dans la casserole. Faites chauffer à feu doux en brassant avec la cuillère en bois jusqu'à ce que le beurre ait fondu.

2 Tamisez la farine, le cacao, la cannelle et le bicarbonate de soude dans le bol, puis ajoutez le mélange de beurre fondu et le lait. Mélangez de manière à former une boule lisse. Laissez reposer 5 minutes ou jusqu'à ce que le mélange soit suffisamment refroidi.

3 Pétrissez jusqu'à ce que le mélange soit d'une couleur uniforme, puis abaissez la pâte sur une surface légèrement enfarinée jusqu'à atteindre une épaisseur de 5 mm (¼ po). Découpez la pâte à l'emporte-pièce avant de déposer les biscuits sur les plaques à pâtisserie. Abaissez les retailles de pâtes et continuez à découper à l'emporte-pièce jusqu'à ce que toute la pâte ait été utilisée.

4 Cuisez au four pendant 10 à 12 minutes jusqu'à ce que les biscuits commencent à brunir. Faites un trou au sommet de chaque biscuit avec le bout d'une cuillère à dessert et laissez refroidir sur les plaques à pâtisserie.

5 Décorez les biscuits en pressant le tube de glaçage blanc directement sur les biscuits. Ajoutez les bonbons et laissez le tout durcir. Enfilez un fin ruban à travers le trou au sommet de chaque biscuit et accrochez-les au sapin de Noël. Les biscuits se garderont frais environ trois jours.

(2)

(4)

Conseil

★ Si la pâte devient trop ferme pour en abaisser les retailles, réchauffez-la au four à micro-ondes pendant 20 à 30 secondes, selon la quantité de pâte qui vous reste.

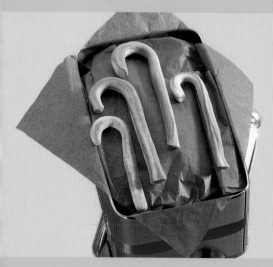

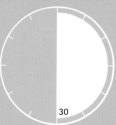

**Temps d'exécution
30 minutes**
(plus le temps de dur-
cissement, soit une nuit)

Vous aurez besoin :

1 sachet de poudre
de blancs d'œuf
(soit l'équivalent
de 2 blancs d'œuf)

Quelques gouttes
d'essence de menthe

550 g (1 lb 2 oz)
de sucre glace

Colorant alimentaire
rouge

Bol ou robot culinaire

Fourchette

Passoire

Cuillère en bois

Gants en plastique
(au choix)

Plaques à pâtisserie

Papier parcheminé

Boîtes tapissées
de papier ciré

Cannes à la menthe

4-8 ans

Offrez ces cannes rayées à un anniversaire, pour
souligner la Fête des mères ou la Fête des pères.
Tout le monde raffole de ces cannes à la menthe !

1 Déposez la poudre de blancs
d'œufs dans le bol (ou le bol du robot
culinaire). Ajoutez l'eau – vérifiez sur
l'emballage pour connaître la quantité. Ajoutez l'essence de menthe,
puis tamisez peu à peu le sucre glace
en touillant avec la cuillère en bois
pour en faire une pâte homogène.
Lorsque le mélange devient plus
ferme, pressez-le avec vos mains.

2 Enfilez des gants en plastique
mince, si vous le désirez. Ajoutez un
peu de colorant alimentaire rouge au
mélange et pétrissez jusqu'à ce que
vous obteniez un effet marbré.

3 Sur une surface de travail sau-
poudrée de sucre glace, façonnez
des rouleaux de pâte jusqu'à ce qu'ils
atteignent un diamètre de 1 cm
(½ po). Coupez-les en bâtonnets
d'une longueur de 12 cm (5 po).
Recourbez l'extrémité des bâtonnets
de manière à former une canne.
Laissez sécher les cannes sur des
plaques à pâtisserie tapissées de
papier parcheminé jusqu'au
lendemain.

4 Placez les cannes dans de petites
boîtes tapissées de papier ciré. Les
cannes se conserveront environ une
semaine.

Conseil

★ Pour les très jeunes enfants, gardez la pâte d'une seule couleur,
abaissez-la et découpez la pâte
en vous servant de petits
emporte-pièces.

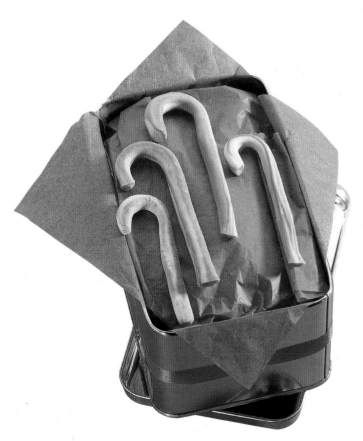

Œufs de Pâques décorés

6-10 ans

Transformez de simples œufs de Pâques en une galerie de personnages loufoques en les décorant de pâte d'amandes de toutes les couleurs. Servez-vous de votre imagination pour créer toute une famille ou, pourquoi pas, toute une ménagerie d'œufs de Pâques !

Temps d'exécution
1 heure
(plus le temps de durcissement)

Vous aurez besoin :

- 50 g (2 oz) de chocolat noir
- 250 g (8 oz) de pâte d'amandes ou de glaçage prêt à étendre
- Colorants alimentaires, rouge, jaune et vert
- 1 œuf de Pâques en chocolat, de grosseur moyenne
- Sucre glace tamisé, pour le saupoudrage

- Papier cellophane et ruban, pour l'emballage
- Petit bol
- Casserole ou four à micro-ondes
- Petit couteau
- Planche à découper
- Petit rouleau à pâtisserie
- Petite passoire

1 Brisez le chocolat en morceaux et mettez-le à fondre dans un bol installé sur une casserole d'eau bouillante. Vous pouvez aussi faire fondre le chocolat au four à micro-ondes pendant 1½ minute à la puissance maximale ou selon les instructions du fabricant.

2 Divisez la pâte d'amandes ou le glaçage décoratif en quatre. Gardez une des parts blanche et colorez le reste en rouge, jaune et vert.

3 Déballez l'œuf en chocolat.

4 Abaissez et découpez ou façonnez des petits morceaux de pâte d'amandes ou de glaçage pour les yeux, la bouche, les cheveux, les oreilles, le nez, les pieds et tous les autres détails que vous désirez. (Saupoudrez vos mains et la surface de travail avec un peu de sucre glace si la pâte d'amandes ou le glaçage deviennent trop collants.) Fixez les diverses parties du visage au moyen de pastilles de chocolat légèrement fondues.

5 Laissez durcir la pâte d'amandes. Emballez l'œuf dans du papier cellophane et attachez-y un ruban.

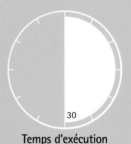

Nids en chocolat pour Pâques

4-8 ans

Qui peut résister à ces jolis petits poussins dans leur nid. Assurez-vous d'en faire cuire suffisamment, ils disparaissent très vite !

1 Réglez le four à 180°C/350°F/ Gaz n° 4. Déposez les caissettes de papier dans les sections du moule à muffin.

2 Mettez la poudre de cacao, le beurre ou la margarine, le sucre, la farine et les œufs dans le bol. Mélangez avec une cuillère en bois ou avec le batteur à main jusqu'à ce que le tout soit homogène.

3 À l'aide d'une cuillère, déposez le mélange dans les caissettes de papier jusqu'à ce qu'elles soient remplies à mi-hauteur. Cuisez au centre du four environ 12 à 15 minutes jusqu'à ce que la pâte ait doublé de volume et qu'elle reprenne sa forme lorsque vous pressez légèrement au milieu avec le doigt. Laissez refroidir.

4 Sortez les caissettes du moule à muffin et, à l'aide du couteau à beurre, étendez de la tartinade au chocolat sur les petits gâteaux. Émiettez les tablettes de chocolat et disposez-les sur les petits gâteaux de manière à former un nid. Décorez les nids de petits œufs de Pâques et ajoutez les poussins si vous le désirez.

30

Temps d'exécution
30 minutes
(plus le temps de cuisson
et de refroidissement)

Vous aurez besoin :

15 g (½ oz) de poudre
  de cacao

125 g (4 oz) de beurre
  ou de margarine à la
  température de la pièce

125 g (4 oz) de sucre
  granulé

100 g (3½ oz)
  de farine à pâtisserie

2 œufs

4 cuillerées à table de
  tartinade au chocolat

3 tablettes de chocolat
  friables

200 g (7 oz) petits œufs
  de Pâques

Quelques petits
  poussins de Pâques
  (au choix)

12 caissettes de papier

Moule à muffins
  à 12 trous

Passoire

Bol à mélanger

Cuillère en bois ou
  batteur à main

Cuillère à dessert

Gants de cuisinier

Couteau à beurre

Biscuits glacés

6-10 ans

Ces succulents biscuits ne sont pas seulement faciles à faire, ils sont aussi amusants à décorer avec de la pâte d'amandes ou du glaçage prêt à rouler. Cuisez-les pour souligner un anniversaire et laissez les invités les décorer à leur guise. Si vous désirez les servir à l'occasion de Noël ou de Pâques, choisissez des emporte-pièces de circonstance.

**Temps d'exécution
1 heure**
(plus le temps de cuisson
et de refroidissement)

Vous aurez besoin :

75 g (3 oz) de beurre

75 g (3 oz) de sucre granulé

1 cuillerée comble de mélasse claire

Bol à mélanger

Cuillère en bois

1 œuf

Passoire

375 g (12 oz) de farine à pâtisserie

½ cuillerée à thé de cannelle moulue

1 cuillerée à thé de gingembre moulu

Planche à pâtisserie

Rouleau à pâtisserie

Emporte-pièce en forme d'étoile

Papier parcheminé

Plaque à pâtisserie

Grille métallique

2 cuillerées à table de confiture d'abricots

Petite casserole

Pinceau à pâtisserie

Pâte d'amandes ou 1 sachet de glaçage prêt à étendre rouge

Perles de sucre de diverses couleurs

Boîte-cadeau

Papier de soie

1 Mettez le beurre, le sucre et la mélasse claire dans un bol, mélangez avec une cuillère en bois jusqu'à ce que le tout soit homogène. Ajoutez l'œuf au mélange.

2 Tamisez la farine, la cannelle et le gingembre dans le premier mélange. Mélangez et pétrissez jusqu'à l'obtention d'une pâte assez ferme. Laissez reposer la pâte pendant 40 minutes.

3 Enfarinez légèrement la planche à pâtisserie. Abaissez la pâte à une épaisseur d'environ 5 mm (¼ po). Découpez beaucoup d'étoiles à l'emporte-pièce. Déposez celles-ci sur une plaque à pâtisserie tapissée d'un papier parcheminé.

4 Enfournez la plaque dans un four préchauffé à 160°C/ 325°F/Gaz n° 3 pendant 15 minutes. Un adulte devrait vous aider à cette étape. Retirez du four et laissez refroidir les biscuits sur la grille métallique.

5 Chauffez légèrement la confiture d'abricots dans une petite casserole et déposez-la à l'aide d'un pinceau à pâtisserie au centre de chaque biscuit.

6 Roulez la pâte d'amandes ou le glaçage prêt à rouler en une boule d'un diamètre de 2 cm (¾ po). Aplatissez la boule entre vos doigts et pressez-la au centre du biscuit. Insérez des perles de sucre dans la pâte d'amandes ou le glaçage en créant divers motifs.

7 Lorsque la pâte d'amandes ou le glaçage aura durci, déposez les biscuits dans la boîte-cadeau.

Variante
Biscuits en forme de marguerite

Découpez les biscuits en vous servant d'un emporte-pièce en forme de marguerite. Pour les décorer, placez une rondelle de pâte d'amandes ou de glaçage vert au centre de chaque biscuit, puis pressez une fleur en sucre au milieu et ajoutez des perles « pétales » de couleur sur le pourtour.

Conseils
★ Recouvrez une petite boîte avec un papier d'emballage qui s'harmonise à la personnalité de la personne à qui vous destinez les biscuits avant de les y déposer.
★ Les biscuits glacés se conservent durant une semaine dans un contenant hermétique.

Truffes au chocolat blanc

6-10 ans

Les truffes au chocolat blanc parfumées à la vanille sont parmi les plus prisées des amoureux du chocolat. Lorsque vous les faites vous-même, vous n'avez pas à les réserver pour de grandes occasions; offrez-les simplement à un ami pour égayer un jour de grisaille.

Temps d'exécution
1 heure
(plus le temps de
refroidissement)

Vous aurez besoin :

150 g (5 oz) de chocolat
  blanc

80 g (3¼ oz) de beurre
  non salé

Bain-marie ou un bol qui
  s'ajuste à une casserole

Cuillère en bois

½ cuillerée à thé
  d'essence de vanille

2 jaunes d'œuf,
  légèrement battus

Bol à mélanger

Fouet

Planche à pâtisserie

Pellicule plastique

Cuillère à dessert

40 g (1½ oz) de
  sucre glace

Assiette

Papier parcheminé

Ciseaux

Papier de soie
  de couleur

Boîte-cadeau

1 Brisez le chocolat. Coupez le beurre en petits morceaux. Faites-les fondre doucement au bain-marie ou dans un bol qui s'ajuste à une casserole remplie d'un peu d'eau bouillante. (Un adulte devrait superviser l'opération.) Remuez avec la cuillère en bois.

2 Retirez du feu et ajoutez l'essence de vanille.

3 Déposez les jaunes d'œuf dans un bol. Versez graduellement le mélange de chocolat dans les œufs en fouettant bien. Couvrez le bol avec une pellicule plastique et mettez à durcir au réfrigérateur pendant environ 8 heures.

4 Déposez le mélange à truffes sur une planche à pâtisserie. À l'aide d'une cuillère à dessert, prélevez un peu de chocolat et façonnez une petite boule avec vos mains. Répétez l'opération jusqu'à ce que tout le mélange soit épuisé.

5 Saupoudrez du sucre glace dans une assiette. Roulez les truffes dans le sucre et déposez-les sur du papier parcheminé.

6 Taillez des morceaux de papier de soie de couleur et de papier parcheminé aux dimensions légèrement supérieures à celles de la boîte-cadeau. Taillez la bordure en dents-de-scie. Déposez d'abord le papier de soie, puis le papier parcheminé. Garnissez de truffes au chocolat blanc.

Variante

Truffes au chocolat au lait

Remplacez le chocolat blanc par du chocolat au lait. Puis, à l'étape 5, roulez les truffes dans du chocolat râpé au lieu du sucre glace.

Conseils

★ Assurez-vous d'avoir les mains froides lorsque vous façonnez les boules pour éviter que le mélange ne fonde au fur et à mesure que vous le travaillez. Passez vos mains sous le robinet d'eau froide si vous constatez que le chocolat a tendance à fondre.

★ Ces truffes se conservent 5 jours au réfrigérateur dans un contenant hermétique. Vous pourriez inscrire cette recommandation au bas de la boîte-cadeau ou sur une étiquette.

(4)

(5)

Biscuits de pain d'épice

2-6 ans

Les biscuits de pain d'épice font partie des festivités de Noël. Si vous pouvez résister à l'envie de les manger, accrochez-les au sapin de Noël ou emballez-les pour les offrir en cadeau.

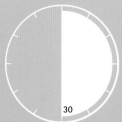

30

**Temps d'exécution
30 minutes**
(excluant le temps de cuisson
et de refroidissement)

Vous aurez besoin :

Pour le pain d'épice :

75 g (3 oz) de beurre

3 cuillerées à table
de mélasse claire

150 g (5 oz) de
cassonade

375 g (12 oz) de farine
tout usage

2 cuillerées à thé de
bicarbonate de soude

1 cuillerée à thé de
gingembre moulu

1 cuillerée à thé de
cannelle moulue

1 œuf, battu

1 à 3 cuillerées
à table de lait

Rouleau à pâtisserie

Planche à pâtisserie

Emporte-pièce en forme
de bonhomme de
pain d'épice (ou un
modèle découpé dans
du carton épais)

Pour décorer :

275 g (9 oz) de sucre
glace tamisé

4 cuillerées à table
d'eau chaude

Glaçage en tube rouge

Perles de sucre de
couleur argent

Ruban étroit rouge

1 Réglez le four à 180°C/350°F/ Gaz n° 4. Faites fondre le beurre, la mélasse et le sucre dans une casserole en remuant jusqu'à ce que le tout devienne homogène. Mélangez la farine, le bicarbonate de soude et les épices, puis ajoutez les ingrédients secs dans la casserole en ajoutant l'œuf battu et suffisamment de lait pour former une pâte lisse.

2 Lorsque la pâte a suffisamment refroidi, pétrissez-la et abaissez-la sur une surface enfarinée à une épaisseur de 5 mm (¼ po). Découpez les biscuits en vous servant de l'emporte-pièce en forme de bonhomme de pain d'épice ou d'un petit couteau si vous vous servez d'un modèle en carton. Déposez sur une plaque à pâtisserie graissée.

3 Cuisez les biscuits pendant 8 à 10 minutes au four jusqu'à ce que la pâte se colore. Retirez du four et laissez refroidir.

4 Mélangez le sucre glace et l'eau chaude. Décorez la surface avec le glaçage blanc et les perles de sucre, puis dessinez les détails à même le tube de glaçage rouge. Laissez sécher le glaçage avant de nouer un étroit ruban rouge autour du cou.

(2)

Variantes

Des biscuits de toutes les formes et dimensions

En vous servant d'emporte-pièces différents, vous obtiendrez une plus grande diversité de biscuits, surtout si vous les décorez avec des glaçages de plusieurs couleurs, des étoiles de sucre et des petits grains multicolores.

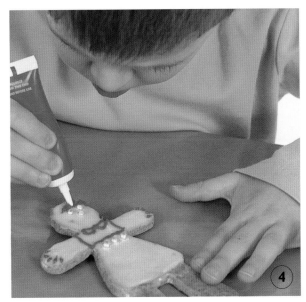

(4)

(4)

Conseil

★ Percez toujours un trou dans les biscuits si vous avez l'intention d'y passer un ruban. Faites un trou assez large pour qu'il ne se referme pas au cours de la cuisson.

Fondants sans cuisson

4-6 ans

Ces fondants au chocolat sans cuisson, présentés dans une belle boîte d'une forme intéressante, font un cadeau raffiné et très apprécié. N'en mangez pas trop, sinon vous n'en aurez plus suffisamment pour en offrir.

I   Mettez le beurre dans le bol et versez le lait concentré sucré. Remuez et ajoutez graduellement le sucre glace. Mélangez bien.

(2)   Pétrissez le mélange à fondants sur la planche à pâtisserie jusqu'à ce qu'il soit homogène et facile à manipuler.

(3)   À l'aide d'un rouleau à pâtisserie, abaissez le mélange à fondants jusqu'à une épaisseur de 1 cm (½ po) et coupez-la en bandes, puis en carrés bien nets.

(4)   Si vous le désirez, déposez une pastille de chocolat sur les carrés. Laissez durcir les fondants pendant la nuit sur une grille métallique en les recouvrant d'un linge à vaisselle.

5   Placez les fondants dans les petites caissettes et mettez-les dans une boîte ou dans un nid de papier de soie.

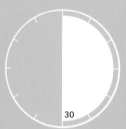

Temps d'exécution
30 minutes
(excluant le temps de durcissement)

Vous aurez besoin :

175 g (6 oz) de beurre à la température de la pièce

Bol à mélanger

1 petite boîte de conserve de lait concentré sucré, soit environ 175 g (6 oz)

800 g (1¾ lb) de sucre glace tamisé

Planche à pâtisserie

Rouleau à pâtisserie

Grille métallique

Linge à vaisselle

Pastilles de chocolat

Caissettes pour chocolat

Boîte en forme d'étoile ou un nid de papier de soie

Variantes

Autres parfums

Ajoutez quelques gouttes d'essence de vanille ou de menthe au mélange à fondants ou tamisez 75 g (3 oz) de cacao avec le sucre glace pour obtenir des fondants au chocolat.

Cœurs en chocolat

En vous servant d'un petit emporte-pièce en forme de cœur, découpez une foule de fondants en cœur ou faites des cœurs géants que vous emballerez individuellement dans un papier cellophane.

Conseils

★ Si le mélange est trop liquide, ajoutez du sucre glace.

★ Assurez-vous que le mélange à fondants est bien homogène avant de l'abaisser, sinon la surface aura un aspect craquelé.

★ Ajoutez un peu de glaçage sur les fondants pour maintenir en place les pastilles de chocolat (ou autres décorations).

Pavés à la noix de coco

6-8 ans

Pour mettre les couleurs pastel des pavés à la noix de coco en évidence, placez-les dans un contenant de verre et nouez un ruban de même couleur ou de couleur contrastante autour du couvercle.

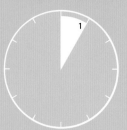

**Temps d'exécution
1 heure**

Vous aurez besoin :

500 g (1 lb) de sucre granulé

150 ml (¼ pinte) de lait

Casserole

Cuillère en bois

150 g (5 oz) de noix de coco séchée

2 gouttes d'essence de vanille

Moule à gâteau carré de 20 cm (8 po)

Colorant alimentaire rose

Couteau émoussé

Contenant avec couvercle

(**1**) Mettez le sucre et le lait dans la casserole, faites chauffer en remuant avec la cuillère en bois pour que le sucre se dissolve. Amenez le mélange à ébullition et poursuivez la cuisson pendant dix minutes. (Cette étape devrait être supervisée par un adulte.)

(**2**) Retirez la casserole du feu et attendez que le bouillonnement disparaisse. Incorporez la noix de coco séchée. Ajoutez quelques gouttes d'essence de vanille.

3 À l'aide d'une cuillère, transférez la moitié du mélange de noix de coco dans le moule à gâteau en pressant délicatement le mélange avec le dos de la cuillère.

(**4**) Ajoutez quelques gouttes de colorant rose dans le reste du mélange de manière à lui donner une belle couleur rosée. Déposez le mélange rose sur le premier mélange et pressez-le délicatement avec le dos de la cuillère. Lissez la surface, si cela est nécessaire.

5 Avant que le mélange n'ait complètement refroidi, coupez les pavés en vous servant du couteau émoussé.

6 Une fois les pavés complètement refroidis, retirez-les du moule et déposez-les dans un contenant de verre et vissez le couvercle.

Variante

Pavés bleus à la noix de coco

À l'étape 4, ajoutez du colorant bleu au lieu
du rose. Une fois les pavés refroidis, placez-les
dans un cornet en papier de construction
rempli de papier de soie déchiqueté de toutes
les couleurs.

Conseil

★ Servez-vous d'emporte-pièces
   pour transformer les pavés en
   cœurs, en étoiles, en cercles et
   en losanges.

Cœurs à la menthe

4-6 ans

Offrez ces petites douceurs en forme de cœur pour la Saint-Valentin. (Maman et Papa vont les adorer.) Pour ajouter un peu de piquant à cette merveilleuse journée, assurez-vous de garder secrète aussi longtemps que possible l'identité de l'expéditeur.

**Temps d'exécution
1 heure**
(excluant le temps
de séchage)

Vous aurez besoin :

Passoire

500 g (1 lb) de
sucre glace

Bol à mélanger

1 blanc d'œuf, battu

1 cuillerée à table d'eau

Cuillère en bois

2 gouttes d'essence
de menthe

Papier d'aluminium

Rouleau à pâtisserie

Emporte-pièce en forme
de cœur

Boîte-cadeau

Papier de soie
déchiqueté

(1) Tamisez le sucre glace au-dessus du bol. Ajoutez le blanc d'œuf battu et l'eau.

(2) Remuez le mélange jusqu'à l'obtention d'une pâte lisse et homogène. Ajoutez deux gouttes d'essence de menthe, pas plus. Laissez reposer le mélange pendant 10 minutes.

3 Saupoudrez du sucre glace sur la feuille de papier d'aluminium. Abaissez la pâte jusqu'à une épaisseur de 1 cm (½ po).

(4) Découpez des cœurs à l'emporte-pièce, en abaissant de nouveau les retailles. Laissez-les sécher pendant la nuit.

5 Garnissez la boîte-cadeau de papier de soie déchiqueté avant d'y déposer les cœurs à la menthe.

Variante

Rondelles à la menthe

Au lieu de cœurs, faites des rondelles à la menthe, façonnez de petites boules du mélange à la menthe, aplatissez-les de manière à former des rondelles. Laissez sécher avant de les déposer dans une boîte.

(2)

(4)

Conseil

★ Passez délicatement une roulette
de pâtissier sur la surface des
cœurs à la menthe pour créer
un motif ondulé.

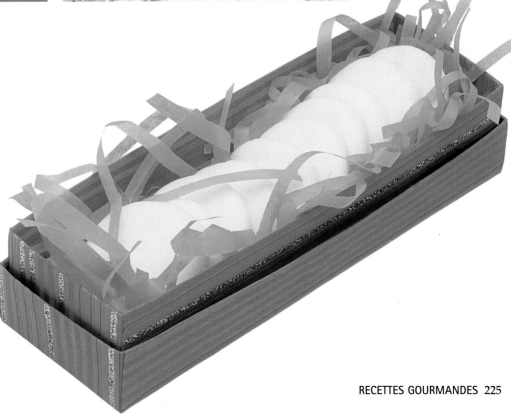

Biscuits de l'arche de Noé

4-6 ans

La décoration de ces délicieux biscuits en forme d'animaux est une activité idéale pour les jours de pluie.

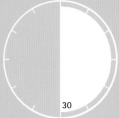

30

**Temps d'exécution
30 minutes**
(excluant le temps de cuisson
et de refroidissement)

Vous aurez besoin :

175 g (6 oz) de beurre
  à la température
  de la pièce

75 g (3 oz) de sucre
  granulé

275 g (9 oz) de farine
  tout usage

Pour la finition :

Tubes de glaçage de
  diverses couleurs

Mini chocolats enrobés
  de sucre

Tasse à mesurer

Couteau à bout arrondi

Assiette

Gros bol à mélanger

Batteur à main
  (au choix)

Papier parcheminé

Rouleau à pâtisserie

Emporte-pièces en
  forme d'animaux

Palette métallique

Plaques à pâtisserie

Grille métallique

1 Réglez le four à 180°C/350°F/ Gaz n° 4. Mettez le sucre et la farine dans le bol. Coupez le beurre en petits morceaux et ajoutez-le au premier mélange. Malaxez avec vos mains jusqu'à ce que le mélange ait une consistance granuleuse. Faites une boule et pétrissez légèrement. Divisez la pâte en deux.

2 Déposez la moitié de la pâte entre deux feuilles de papier parcheminé et abaissez la pâte en une couche mince. Retirez la feuille de papier et découpez la pâte en vous servant des divers emporte-pièces en prenant soin de faire deux animaux de la même forme.

3 À l'aide de la palette métallique, soulevez avec soin les biscuits et déposez-les sur les plaques à pâtisserie non graissées. Ajoutez les retailles au reste de la pâte et façonnez-la en boule. Continuez à abaisser et à découper des biscuits jusqu'à ce que vous ayez utilisé toute la pâte.

4 Cuisez les biscuits au four environ 10 minutes, jusqu'à ce qu'ils soient légèrement dorés. Laissez refroidir sur la grille métallique.

5 Lorsque les biscuits auront refroidi, décorez-les en vous servant des tubes de glaçage de toutes les couleurs et en ajoutant des petits chocolats enrobés de sucre. Laissez le glaçage durcir pendant 30 minutes avant de servir. Les biscuits se conservent deux jours dans un contenant hermétique.

(2)

(5)

(2)

Conseils

★ Le fait de placer la pâte entre deux feuilles de papier parcheminé avant de l'abaisser empêche celle-ci de coller et de se briser tout en facilitant la tâche aux tout-petits.

★ Pour faire des biscuits au chocolat, remplacez 15 g (½ oz) de farine par du cacao.

Sablés en spirale

4-6 ans

Ces sablés en spirale sont très faciles à faire, vous n'avez qu'à rouler ensemble les deux abaisses de pâtes, à couper le rouleau en tranches et à enfourner.

1 Réglez le four à 160°C/ 325°F/Gaz n° 3. Mettez le cacao dans la tasse, ajoutez l'eau bouillante et mélangez jusqu'à ce que le tout soit homogène.

2 Mettez le sucre et la farine dans le bol. Coupez le beurre en petits morceaux et ajoutez-le au premier mélange. Malaxez avec vos mains jusqu'à ce que le mélange ait une consistance granuleuse.

3 Déposez la moitié du mélange obtenu dans le second bol, ajoutez la pâte de cacao au premier mélange et l'essence de vanille, au second. Pétrissez la pâte au chocolat avec vos mains jusqu'à ce que la couleur soit uniforme. Lavez vos mains avant de pétrir la pâte à la vanille.

4 Placez la pâte au chocolat entre deux feuilles de papier parcheminé et abaissez la pâte pour obtenir un carré de 20 cm (8 po). Répétez l'opération avec la pâte à la vanille en utilisant deux autres feuilles de papier parcheminé. Retirez les feuilles du dessus de chacune des pâtes. Déposez l'abaisse au chocolat sur l'abaisse à la vanille, retirez le papier qui était initialement en dessous de l'abaisse au chocolat et qui est maintenant au-dessus. Enroulez les deux abaisses de manière à former un long cylindre et retirez le dernier papier parcheminé. Mettez le cylindre au frigo pendant 15 minutes.

5 Coupez le cylindre en 16 tranches épaisses. Placez les biscuits sur une plaque à pâtisserie non graissée et faites cuire pendant 8 à 10 minutes. Laissez les biscuits refroidir sur la plaque à pâtisserie.

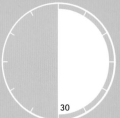

30

**Temps d'exécution
30 minutes**
(excluant le temps de cuisson
et de refroidissement)

Vous aurez besoin :

2 cuillerées à table
de cacao

1 cuillerée à table d'eau
bouillante

200 g (7 oz) de beurre à
la température de la
pièce

300 g (10 oz) de farine
tout usage

100 g (3½ oz) de sucre
granulé

1 cuillerée à thé d'essence
de vanille

Tasse et cuillères
à mesurer

Petite tasse

Cuillère à thé

Couteau à bout arrondi

Assiette

2 bols à mélanger

Batteur à main (au choix)

Rouleau à pâtisserie

Papier parcheminé

Plaque à pâtisserie

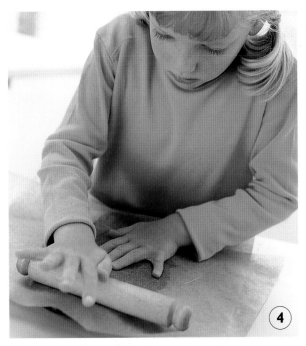

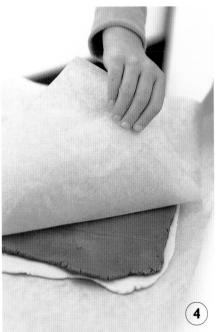

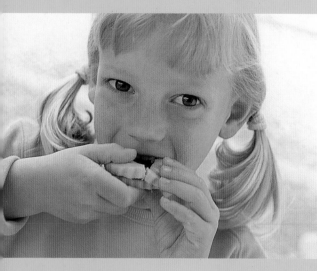

Biscuits de la Saint-Valentin

4-6 ans

Faites plaisir aux amis et aux parents en leur offrant ces biscuits de la Saint-Valentin. Servez-les à l'occasion d'une fête ou emballez-les pour les donner en cadeau.

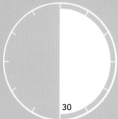

**Temps d'exécution
30 minutes**
(excluant le temps de cuisson
et de refroidissement)

Vous aurez besoin :

Huile, pour graisser

200 g (7 oz) de farine tout usage

25 g (1 oz) de crème anglaise en poudre

50 g (2 oz) de sucre granulé

150 g (5 oz) de beurre à la température de la pièce

1 jaune d'œuf

4 cuillerées à table de confiture de framboise sans pépins

Sucre glace tamisé, pour décorer

Pinceau à pâtisserie

2 plaques à pâtisserie

Tasse et cuillères à mesurer

Grand bol à mélanger

Couteau à bout arrondi

Assiette

Batteur à main (au choix)

Rouleau à pâtisserie

Emporte-pièce à cannelures de 6 cm (2½ po)

Emporte-pièce en forme de cœur de 3 cm (1¼ po)

Petit couteau à bout pointu

Palette métallique

Petite passoire

1 Réglez le four à 160°C/ 325°F/ Gaz n° 3. Étendez au pinceau un peu d'huile sur les plaques à pâtisserie.

2 Mettez la farine, la crème anglaise en poudre et le sucre dans un bol. Coupez le beurre en petits morceaux dans une assiette. Ajoutez le beurre au mélange de farine. Mélangez avec vos doigts jusqu'à ce que le mélange ait un aspect finement granulé ou servez-vous d'un batteur à main.

3 Ajoutez le jaune d'œuf et mélangez jusqu'à l'obtention d'une pâte lisse et homogène, d'abord avec le couteau à bout arrondi, puis avec vos mains lorsque la pâte deviendra plus ferme.

(4) Pétrissez la pâte sur une surface légèrement enfarinée, divisez-la ensuite en deux. Abaissez les deux pâtes jusqu'à une épaisseur de 5 mm (¼ po). Découpez des grands cercles en vous servant de l'emporte-pièce rond à cannelures. Découpez des petits cœurs sur la moitié des biscuits et soulevez la pâte avec la pointe du couteau. Déposez les biscuits ronds sur les plaques à pâtisserie huilées. Ajoutez les retailles à la pâte qui vous reste, abaissez la pâte et découpez à l'emporte-pièce jusqu'à ce que vous ayez 15 biscuits ronds avec un centre découpé en cœur et 15 biscuits ronds entiers.

5 Cuisez les biscuits pendant 10 à 12 minutes - un peu moins pour ceux qui ont les cœurs découpés au centre - jusqu'à ce qu'ils soient légèrement dorés. Détachez les biscuits avec la palette métallique et laissez-les refroidir sur les plaques à pâtisserie. Ces biscuits se conservent deux jours dans un contenant hermétique.

6 Pour servir, étendez la confiture sur les biscuits entiers que vous recouvrez des biscuits avec les cœurs découpés. Saupoudrez de sucre glace.

Biscuits chauve-souris

4-6 ans

Les biscuits ont toujours été populaires, et ces biscuits chauve-souris n'échappent pas à la règle. Ils conviennent tout particulièrement aux fêtes et aux festivités de l'Halloween. Demandez à vos amis de vous aider à les décorer.

45

**Temps d'exécution
45 minutes**
(excluant le temps de cuisson
et de refroidissement)

Vous aurez besoin :

Pour les biscuits :

75 g (3 oz) de beurre

3 cuillerées à table
de mélasse claire

150 g (5 oz) de cassonade

Casserole

375 g (12 oz) de farine
tout usage tamisée

2 cuillerées à thé de
bicarbonate de soude

1 cuillerée à thé de
gingembre moulu

1 cuillerée à thé de
cannelle moulue

Bol à mélanger

1 œuf, battu

1 à 3 cuillerées
à table de lait

Planche à pâtisserie

Rouleau à pâtisserie

Emporte-pièce en forme
de chauve-souris (ou
un modèle en carton
et un couteau)

Plaque à pâtisserie

Pour décorer :

275 g (9 oz) de sucre
glace tamisé

4 cuillerées à table
d'eau chaude

Colorant alimentaire
de couleur noire

Brillants comestibles
de couleur bronze

1 Faites fondre le beurre, la mélasse et le sucre dans une casserole. Remuez jusqu'à ce que le tout soit homogène. Mélangez la farine, le bicarbonate de soude et les épices dans un bol, puis incorporez-les au mélange de beurre dans la casserole en ajoutant l'œuf battu et suffisamment de lait pour obtenir une pâte bien lisse.

2 Réglez le four à 180°C/350°F/ Gaz n° 4. Lorsque la pâte a suffisamment refroidi, pétrissez-la et abaissez-la à une épaisseur de 5 mm (¼ po). Découpez autant de biscuits que vous le pourrez en vous servant de l'emporte-pièce en forme de chauve-souris (ou d'un modèle en carton et d'un petit couteau). Transférez les biscuits sur une plaque à pâtisserie graissée.

3 Percez un trou dans le haut de chaque biscuit à l'aide d'une brochette. Cuisez 8-10 minutes dans le four préchauffé jusqu'à ce que les biscuits commencent à brunir. Refaites les trous dans les biscuits pendant qu'ils sont encore malléables et laissez-les refroidir.

4 Entre-temps, faites le glaçage. Mélangez le sucre glace avec un peu de colorant alimentaire et ajoutez peu à peu de l'eau chaude. Une fois les biscuits refroidis, servez-vous d'un couteau pour étendre le glaçage. Saupoudrez les biscuits avec des brillants comestibles de couleur bronze. Laissez sécher le glaçage.

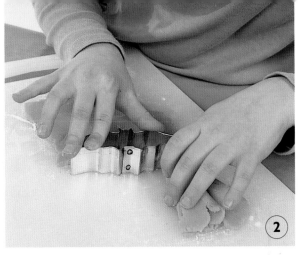

Variantes

Découpez des biscuits de formes diverses et décorez-les avec du glaçage orange, noir et blanc, des brillants et des morceaux de réglisse. Faites vos propres modèles au lieu de vous servir d'emporte-pièces.

Conseil

★ Les brillants comestibles se vendent en petits pots. Une petite pincée suffit à couvrir un biscuit.

Petits gâteaux scintillants

4-6 ans

Les amis et les membres de la famille ne résisteront pas à ces jolis petits gâteaux scintillants. Les brillants comestibles transforment des petits gâteaux ordinaires en une fête pour les yeux et le palais. Ces gâteaux individuels conviennent parfaitement aux fêtes de la période du carnaval. Faites bien attention lorsque vous vous servez de brillants comestibles, ils ont tendance à demeurer sur les mains et le visage pendant des heures !

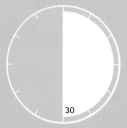

30

**Temps d'exécution
30 minutes**
(excluant le temps de cuisson
et de refroidissement)

Vous aurez besoin :

Mélange à gâteau :

125 g (4 oz) de margarine molle

125 g (4 oz) de sucre granulé

125 g (4 oz) de farine à pâtisserie

2 œufs

Bol à mélanger

Cuillère en bois

Caissettes de papier

Moule à muffin

Grille métallique

Pour décorer :

Bol

Cuillère

225 g (8 oz) de sucre glace tamisé

2-3 cuillerées à table d'eau

Brillants comestibles de couleur bleue

Petits parasols

Gel brillant et paillettes pour les caissettes de papier

Bol et cuillère

1 Réglez le four à 180°C/350°F/ Gaz n° 4. Mettez tous les ingrédients du mélange à gâteau dans un bol et remuez avec une cuillère en bois. Vous pouvez vous servir d'un batteur à main si vous le désirez.

2 Déposez le mélange dans 12 caissettes de papier. Faites cuire dans le four préchauffé pendant 15-18 minutes. Retirez les gâteaux du four et laissez-les refroidir sur une grille métallique.

3 Entre-temps, faites le glaçage en mélangeant le sucre glace avec de l'eau. Lorsque les gâteaux sont refroidis, étendez le glaçage sur les petits gâteaux.

4 Saupoudrez généreusement chaque petit gâteau de brillants comestibles de couleur bleue.

5 Décorez les caissettes en papier avec du gel brillant et enfoncez un petit parasol sur chaque gâteau.

Conseils

★ Ajoutez les brillants comestibles sur les gâteaux avant que le glaçage ne soit complètement sec.

★ Procurez-vous des caissettes déjà décorées si vous ne voulez pas le faire vous-même.

Variantes

Motifs brillants

Saupoudrez les brillants comestibles en faisant des lignes, des grilles, des points.

Décorations des caissettes

Servez-vous de paillettes, de gel brillant et d'autocollants pour décorer les caissettes en papier.

Modèles

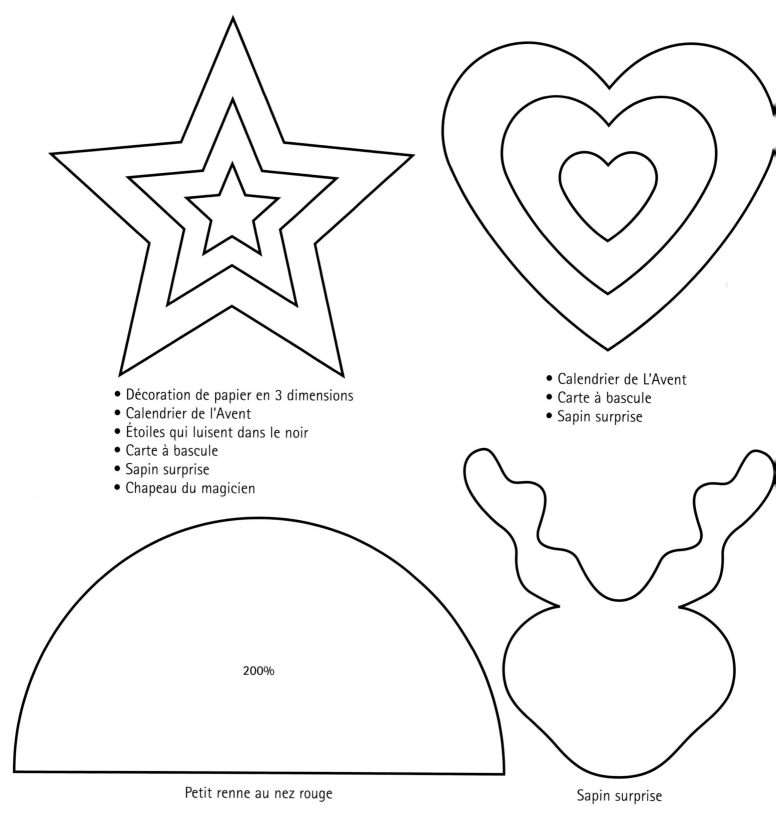

- Décoration de papier en 3 dimensions
- Calendrier de l'Avent
- Étoiles qui luisent dans le noir
- Carte à bascule
- Sapin surprise
- Chapeau du magicien

- Calendrier de L'Avent
- Carte à bascule
- Sapin surprise

200%

Petit renne au nez rouge

Sapin surprise

200%

Bas de Noël

Décoration de papier en 3 dimensions

- Décoration de papier en 3 dimensions
- Calendrier de L'Avent
- Carte à bascule
- Sapin surprise

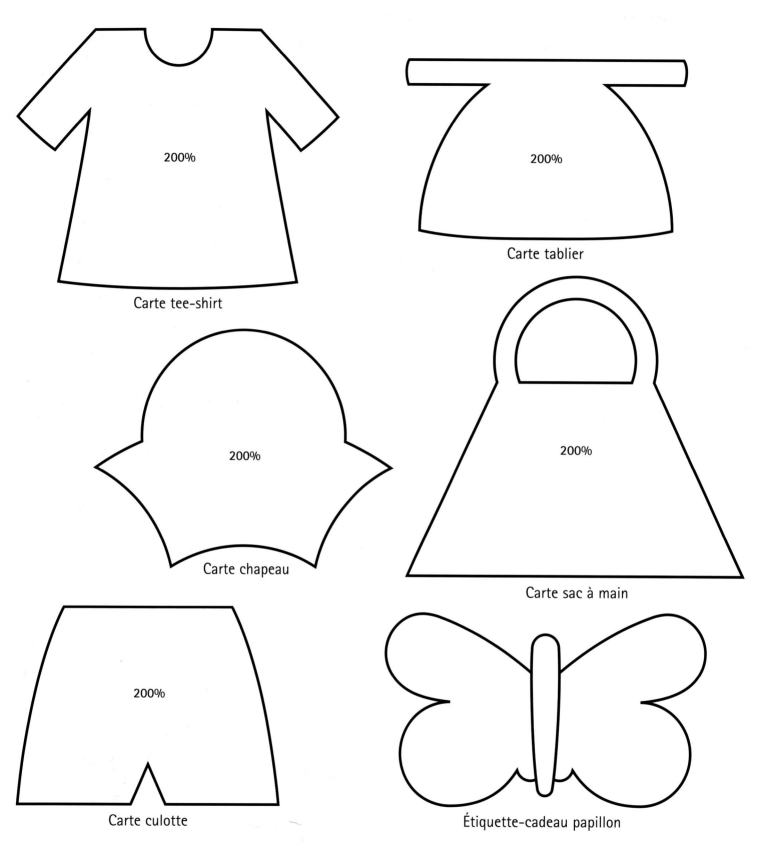

200%

Carte tee-shirt

200%

Carte tablier

200%

Carte chapeau

200%

Carte sac à main

200%

Carte culotte

Étiquette-cadeau papillon

- Maillot à cœur
- Cadre photo en cœur
- Carte de Saint-Valentin

200%

Cadre photo en fleur

- Fleurs en folie
- Collier en caoutchouc mousse

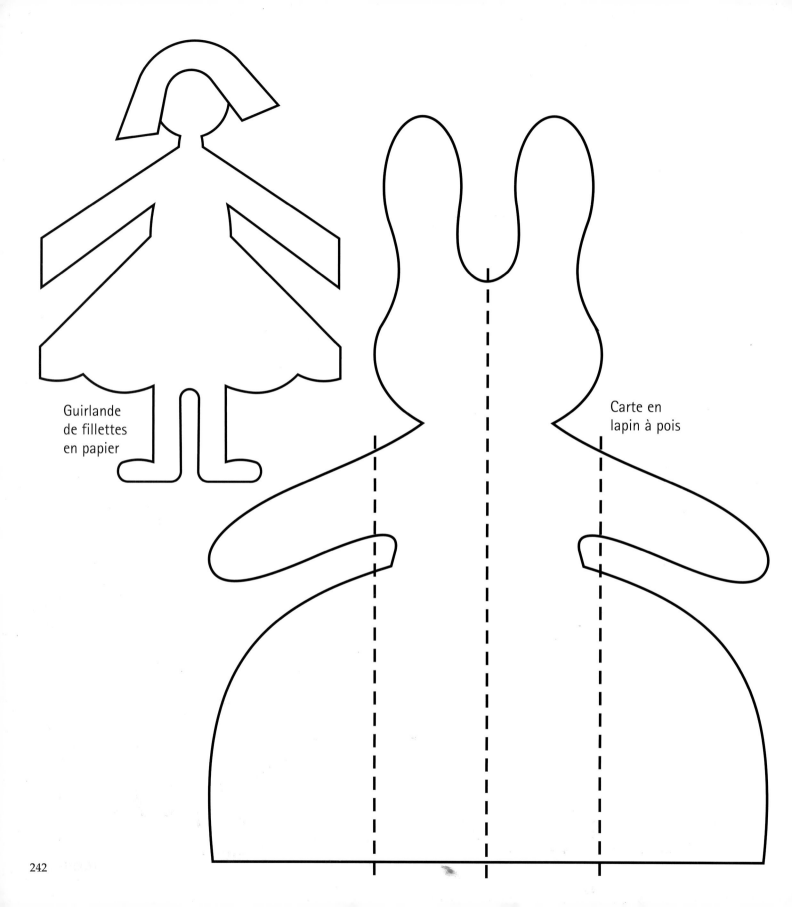

Guirlande
de fillettes
en papier

Carte en
lapin à pois

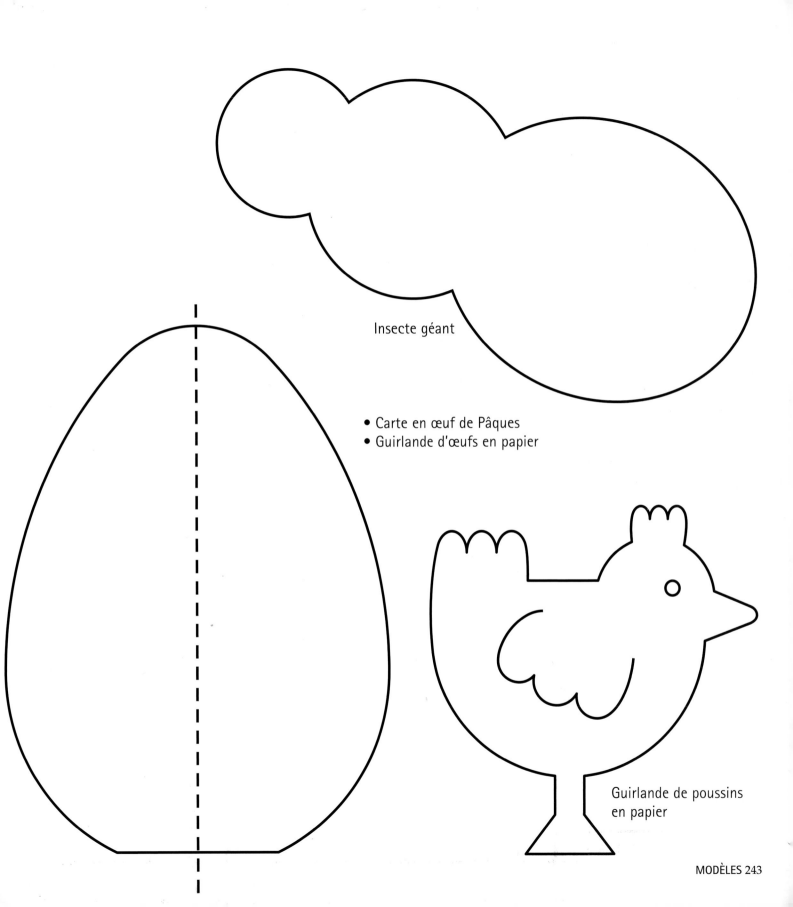

Insecte géant

• Carte en œuf de Pâques
• Guirlande d'œufs en papier

Guirlande de poussins
en papier

MODÈLES 243

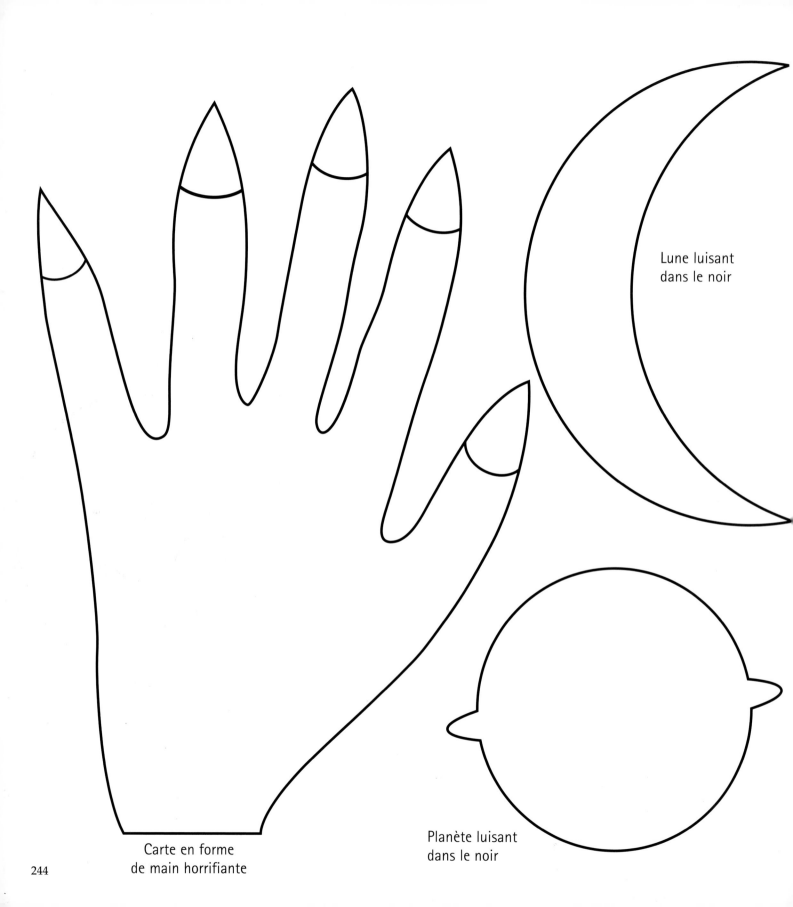

Carte en forme
de main horrifiante

Lune luisant
dans le noir

Planète luisant
dans le noir

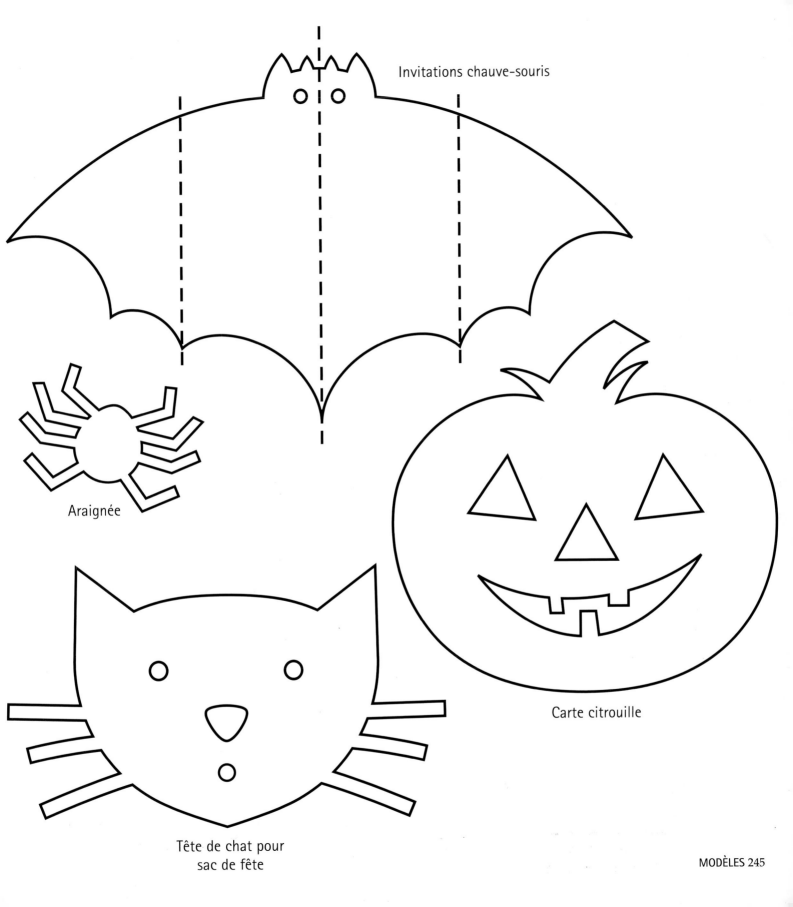

Invitations chauve-souris

Araignée

Carte citrouille

Tête de chat pour
sac de fête

MODÈLES 245

Brins de lanvande

Bouton
de rose

Horloge oiseau

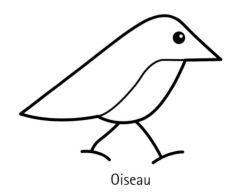

Oiseau

Fleur

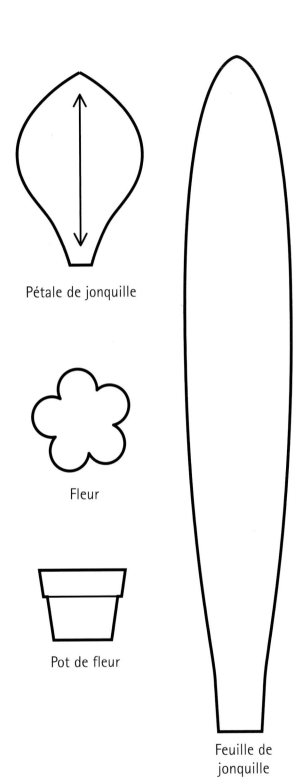

Pétale de jonquille

Fleur

Pot de fleur

Feuille de
jonquille

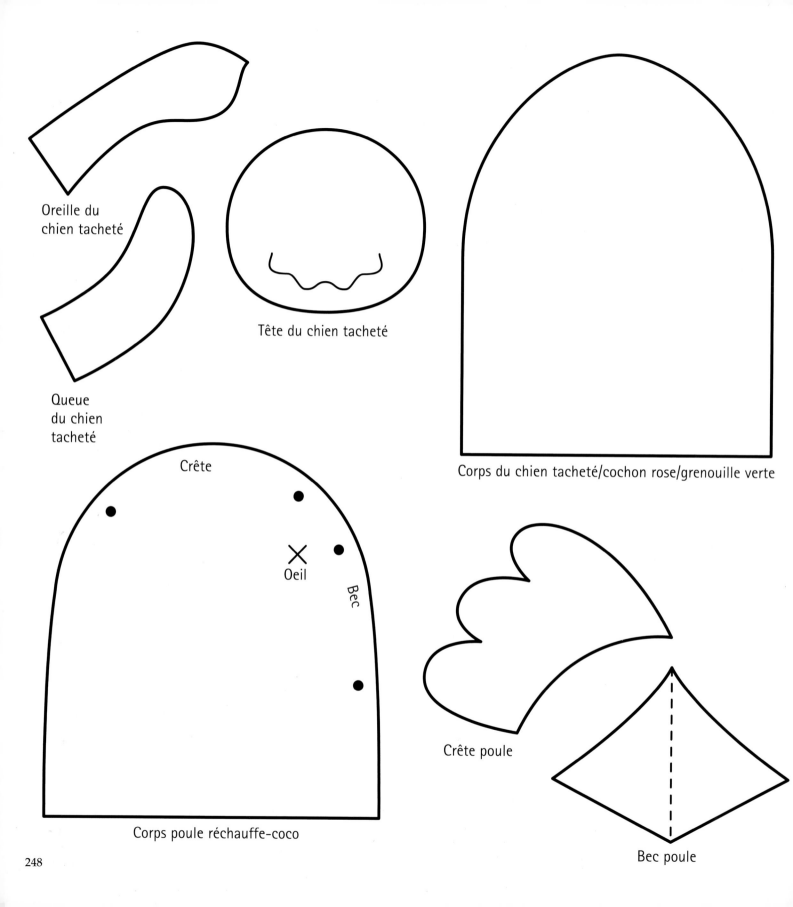

Oreille du
chien tacheté

Queue
du chien
tacheté

Tête du chien tacheté

Corps du chien tacheté/cochon rose/grenouille verte

Crête

Oeil

Bec

Crête poule

Bec poule

Corps poule réchauffe-coco

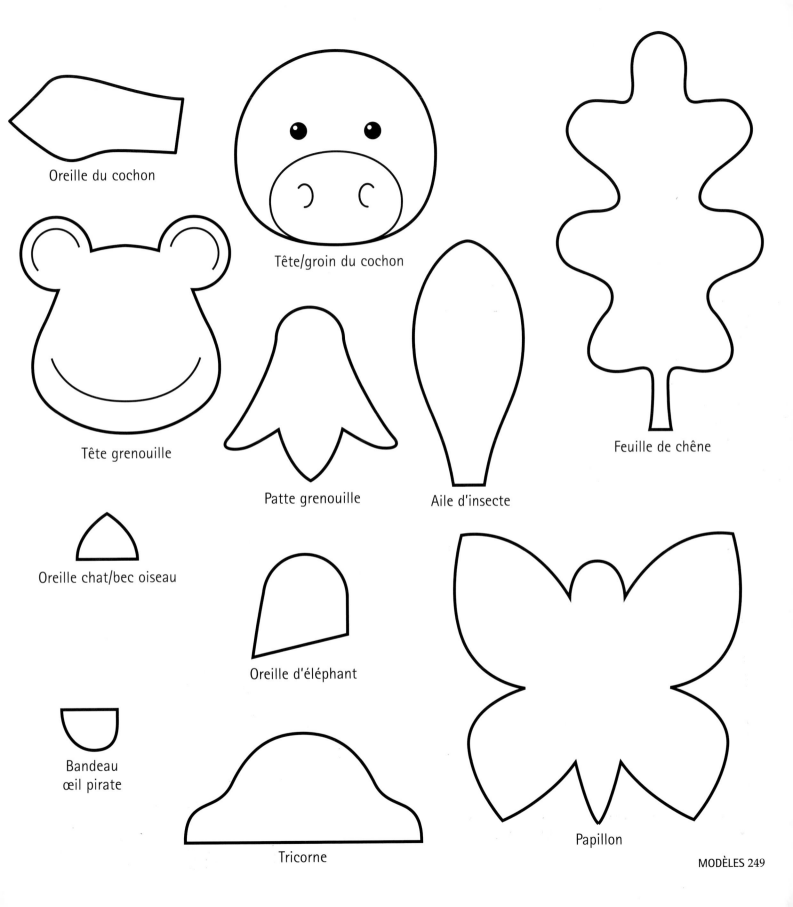

Oreille du cochon

Tête/groin du cochon

Feuille de chêne

Tête grenouille

Patte grenouille

Aile d'insecte

Oreille chat/bec oiseau

Oreille d'éléphant

Bandeau
œil pirate

Tricorne

Papillon

MODÈLES 249

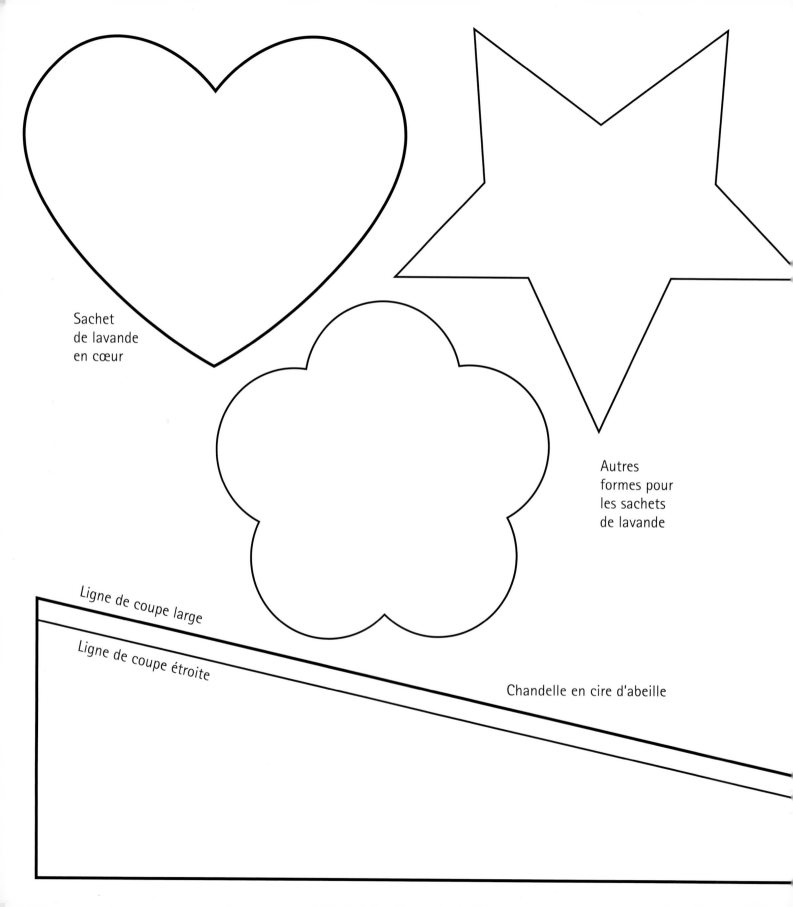

Sachet
de lavande
en cœur

Autres
formes pour
les sachets
de lavande

Ligne de coupe large

Ligne de coupe étroite

Chandelle en cire d'abeille

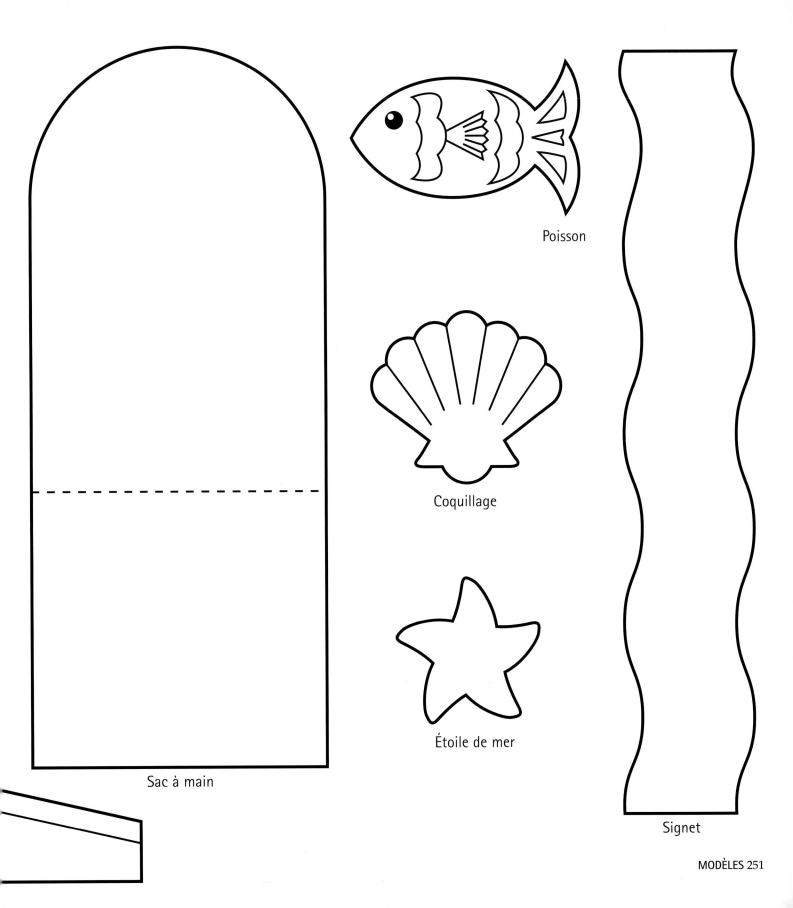

Poisson

Coquillage

Étoile de mer

Sac à main

Signet

MODÈLES 251

index

Remerciements

Auteurs :
Gill Dickinson 14–15, 16–17, 18–19, 20–21, 22–23, 24–25, 26–27, 28–29, 36–37, 42–43, 46–47, 48–49, 52–53, 54–55, 60–61, 62–63, 64–65, 66–67, 68–69, 70–71, 72–73, 74–75, 76–77, 80–81, 82–83, 84–85, 86–87, 88–89, 90–91, 92–93, 96–97, 98–99, 100–101, 102–103, 104–105, 106–107, 108–109, 110–111, 112–113 114–115, 116–117, 118–119, 120–121, 130–131, 132–133, 134–135, 146–147, 164–165, 196–197, 218–219, 220–221, 232–233, 234–235, 238–239, 240–241, 242–243, 244–245.

Sara Lewis 10–11, 202–203, 204–205, 206–207, 208–209, 210–211, 212–213, 226–227, 228–229, 230–231.

Cheryl Owen 6–7, 8–9, 30–31, 32–33, 34–35, 38–39, 40–41, 50–51, 56–57, 58–59, 78–79, 124–125, 126–127, 128–129, 136–137, 138–139, 140–141, 142–143, 148–149, 150–151, 152–153, 154–155, 156–157, 158–159, 160–161, 162–163, 166–167, 168–169, 170–171, 172–173, 174–175, 176–177, 178–179, 182–183, 184–185, 186–187, 188–189, 190–191, 192–193, 194–195, 198–199, 214–215, 216–217, 222–223, 224–225, 246–247, 248–249, 250–251.

Photos

Photography © **Octopus Publishing Group Limite**d/Vanessa Davies, Mike Prior, Peter Pugh-Cook.

Éditeur en chef **Jane McIntosh**
Directrice de production **Clare Churly**
Directrice artistique **Penny Stock**
Responsable de la banque d'images **Jennifer Veall**
Conceptrice **Ginny Zeal**
Chef de production **Manjit Sihra**